Biografie ohne Daten:

erstgeboren
erste Worte
erste Schuhe
erster Schultag
einziges Abitur
zweites Semester
erste Prüfung
Geschichte und Literatur
einmalige Schauspielabschlußprüfung
erste Schallplatte
achtes Semester
Musik und Philosophie
erstes Buch
deutscher Kleinkunstpreis
zweites Buch
zehntes Programm
österreichischer Kleinkunstpreis
deutscher Kleinkunstpreis

und

drittes Buch

Herausgeber
Dr. Rolf Cyriax

BIBLIOTHEK DER
DEUTSCHEN WERTE

Der Deutsche
Selbstverstand

GEWÜRDIGT VON
MATHIAS RICHLING

Die Rechte an den Texten dieses
Buches liegen bei Mathias Richling.
Es wird ausdrücklich darauf
hingewiesen, daß es insbesondere
nicht gestattet ist, diese Texte ganz
oder auszugsweise öffentlich oder
nichtöffentlich vorzulesen oder
vorzutragen.

Originalausgabe 1989
© 1989 by Droemersche Verlagsanstalt Th. Knaur Nachf., München
Das Werk einschließlich aller seiner Teile ist urheberrechtlich
geschützt. Jede Verwertung außerhalb der engen Grenzen des
Urheberrechtsgesetzes ist ohne Zustimmung des Verlages
unzulässig und strafbar. Das gilt insbesondere für
Vervielfältigungen, Übersetzungen, Mikroverfilmungen und die
Einspeicherung und Verarbeitung in elektronischen Systemen.
Umschlaggestaltung Adolf Bachmann, Reischach
Umschlagillustration Dieter O. Klama, München
Foto Seite 1 Hella Krauss
Satz IBV Satz- und Datentechnik GmbH, Berlin
Druck und Bindung Ebner Ulm
Printed in Germany
5
ISBN 3-426-02724-0

Es hält sich nun also auch in Deutschland seit ein paar Jahren der Mechanismus einer Tortur, unter der man Taten gesteht, die man selbst nie begangen hat. Unter der man aus der Allnacht brutal zurückgeholt wird in eine nationale Wirklichkeit. Denn Mitternacht für Mitternacht wird unsere schöne deutsche Hymne im Fernsehprogramm durchgejodelt und ausgelutscht.

Dabei weist zwar ihre erste Zeile auf Einigkeit und Recht, aber auch auf die Freiheit hin, die man hat, sie sich anzuhören.

Gut, man kann immer noch umschalten auf einen anderen Sender, aber dort passiert das gleiche in überregionaler Absprache, die man gemeinhin Medienkompromiß nennt. Und in den dritten Programmen kriselt es um diese Zeit; man ist dort also – von der Hymne ausgehend – bereits einen Schritt weiter. Und so bleibt jedem ausdauernden Deutschen nur:

Wer keine Wahl hat, hat die Qual.

Denn die bundesdeutsche Regierung hatte vor Jahren eine alte Idee, daß es nämlich mit der Freiheit sei wie mit der Gesundheit:

Solange man sie hat, bemerkt man sie nicht.
Und da sollte dem Deutschen durch beständiges
Vorsingen wieder einmal etwas vorgemerkt wer-
den. Autofahren mag man nur durch praktisches
Fahren lernen. Um zu lernen, frei zu sein, ge-
nügt es, das Freisein vorzusingen. Das Abspielen
der Hymne im Vierundzwanzig-Stunden-Takt
wurde ein Mittel. Den Zweck hat man bis heute
nicht so richtig gefunden.
Aber es reicht dem Deutschen.
Er kann das: etwas ein bißchen finden.
Es reicht ihm, wenn etwas greifbar ist.
Hauptsache, es ist nicht angreifbar.
›Blüh' im Glanze‹ trällert es nächtlich, was sich
zu einem immer gewichtigeren Imperativ formt.
Es bedeutet, daß das Kaiserliche wieder ganz
greifbar ist, aber eben nur insoweit, als es noch
nicht angegriffen werden kann von solchen, die
nach durchknechteter Nacht angegriffen aussehen.
Es soll ja bereits Deutsche geben,
die jede Mitternacht geradestehen
beim Erklingen
und nicht mitsingen.
Man soll eben im Schutze der Nacht
nicht auf Gedanken kommen.
Oder soll es uns im Traume
wieder einfallen, strammzustehen?

Nein, es ist alles Kopie.
Dabei sind wir gar nicht Frankreich
und auch nicht Amerika!
Wir haben 1945 etwas weggeschmissen
und eine dritte Strophe behalten.
Und mit dem Nationalen ist es wie mit den Kör-
perteilen: da wächst nichts nach. So, wie wir
1945 die Demokratie verschrieben bekamen, so
kriegen wir jetzt die Hymne aufs Rezept. Dabei
sind wir gegen das Deutsche auf seltsame Weise
immun.
Weil wir zu lange deutsch waren.
Wir brauchen noch keine Mittelchen dafür. Es
wird bei uns noch nichts besser, wenn wir nächtlich die Hymne in hoher Dosierung einnehmen.
Und wenn doch nichts besser wird, dann bleibt
die verhaltene Frage, wer sie überhaupt nimmt?
Wer höret die hymnischen deutschen Heerscha-
ren, die uns zu haydnischer Zeit überfallen? Und
wer dennoch den Rhythmus einhält, kommt un-
weigerlich zu dem Punkt, an dem er staunt, wie
er ihn durchhält.
Es ist eine bewährte Foltermethode, einem letztlich darüber dem Wahnsinn verfallenden Opfer
im engen Zeittakt etwas auf das Hirn fallen zu
lassen. So geht es vielen mit der Hymne:
Wenn sie aus dem Fernsehprogramm
wegdämmern wollen,

werden sie wahnsinnig.
Das Nationale im deutschen Fernsehen
hat sie zu erschreckten Menschen gemacht.
Wer wäre da so deutsch,
daß er das noch Jahrzehnte durchhielte?
Dabei will die Regierung erreichen, daß jahrtausendealte Werte wieder Gültigkeit haben. Nur bleibt kein Rätsel, wie sie tausend Jahre rechnen: In Baden-Württemberg will ein Mayer-Vorfelder mit dem Ersingen aller drei Hymnen-Strophen, daß vor allem an den undeutschen Schulen wieder
eine Ehrfurcht vor Gott einsetzt,
Liebe zu Volk und Vaterland,
Pflichterfüllung,
Disziplin,
Ordnung...
also es würde durchaus passen.
Deshalb hat man die Hymne instinktiv auch an den Schluß des Fernsehprogrammes gesetzt: für viele von uns Deutschen war sie immer schon ganz allgemein der Sendeschluß.

Der Nachkriegsschock hatte beim Deutschen eine derartige Fassungslosigkeit, enorme Erregung und gar Erstarrung, einhergehend mit einer Orientierungslosigkeit, zur Folge, bezüglich allem, was deutsch war, wenn es sich nicht gerade auf den Fleiß bezog, daß man ihm mühelos eine hymnenlose Demokratie injizieren konnte.

Allmählich erwacht er nun nach vierzig Jahren aus seiner deutschen Bewußtlosigkeit und beginnt, wieder zu sich selbst zu finden und sich als Deutschwertiger zu realisieren.

Denn das ewig Deutsche ist nicht letztlich demokratisch.

Demokratie ist kein urdeutsches Symbol.

Das deutsche Symbol ist mehr hymnisch!

Und auf dieser Melodie müssen wir uns von uns fragen lassen, ob wir in den letzten vierzig Jahren überhaupt deutsch gewesen sind?

Die einzigen, die für diese Einspritzung nie schockiert genug waren, waren die an Deutschland angelehnten bayrischen Volksstämmigen.

Bayern hatte gleich nach dem Krieg wieder angefangen, deutsch zu werden. Die Einwohner da waren zu jeder Zeit und Unzeit Herr der Lage vor ihrem Herrn. Und so kommt es, daß bei der vierjährlichen Wallfahrt zur Urne sich stets das Sprichwort bewahrheitet:
Wer die Wahl hat, hat CSU.
Das einzige demokratische Mittel alle vier Jahre im Freigehege Bayern haben sich ihre Insassen als für den Wähler überflüssigen Tierversuch bewahrt, den man für eine schon jahrelang konsumierte Droge durchführt. Man könnte ihn in der Pharma-Industrie mit Mäusen oder Wählerratten besser durchführen, die dann allenfalls noch von militanten Tier-, respektive Wählerschützern gewaltsam befreit würden, in dieser Freiheit aber wahrscheinlich nicht mehr lebensfähig wären.
In Bayern haben Alternativen
einen Stimmenanteil von Komma.
Die SPD, die dort eine Partei darstellt, befindet sich seit dreißig Jahren in einem Unterbindungsgewahrsam. Ihre schärfste Form von Protest ist, daß sie sich hie und da bedenklich am Kinn kratzt.
Man hat in demokratischer Anwandlung
schon überlegt, ob man ihr nicht
– ähnlich den Asylantenbehausungen –

in kleinen Ortschaften sogenannte Wohnsilos aufstellen soll, um dort den Haß der Bevölkerung gegen sie vollends zu schüren. Was nebenbei ihrem Dasein auch bundesweit Rechnung trüge, denn sie leben ja in ihrer Heimat in einer Baracke.

Daß es zu einer solchen Elitisierung ihrer selbst kommen kann, liegt auch zu einem gewissen Anteil an ihrem Gebaren. Denn nicht nur in Bayern gibt es in der SPD mindestens so viele Parteien wie im ganzen übrigen Bundesgebiet.

Das Spektrum reicht fast durch den gesamten Wahlzettel. Und je vielseitiger eine Partei ist, um so weniger Wähler hat sie in Deutschland; schon, weil der Wähler gar nicht mehr weiß, weswegen er die SPD im einzelnen noch wählen soll:

wegen des grünen Moments in ihr,
oder wegen des mittleren Aspekts,
wegen des mäßigen Aspekts
oder wegen des sozialdemokratischen.

Nur daß gerade dieser letzte verschwindend gering geworden ist in der SPD: Die SPD in der SPD ist mittlerweile nur noch jener Splitter in der Partei, der sie lange Jahrzehnte nicht nur im deutschen Bayern über der Hürde gehalten hat.

Das, was die SPD alles im Angebot vorweist, ist gar nicht zu nutzen. Wenn man sie kauft, bekommt man beim Abrechnen viel mehr quittiert, als man steuerlich absetzen kann.

Bei der CDU muß man das, was man bekommt, schwarz wegstecken: Wenn man der CDU nach einem Skandal mit einer Quittung kommt, kriegt man von ihr zu hören:

Danke, der Rest ist für Sie.

Also für uns.

Und sie hat noch gar nicht gezahlt.

Der Bürger kann praktisch bei der CDU jedesmal die Quittung als Trinkgeld behalten. Der Denkzettel geht ungeöffnet an uns zurück.

Auch da ist Bayern ganz vorn:

Wie auch,
um noch weiter zu beispielen,
bei dem forschen Thema der ›Kronzeugen‹.
Da gibt es – auch wieder von Bayern ausgehend
– revolutionäre Fälle wie Zimmermann und
Engelhard und Soweiter, die das deutsche
Rechtswesen nicht in Frage stellen, wenn sie
überhaupt nach ihm noch fragen:
Asylanten,
Demonstranten,
Terror:
Die deutschen Gesetze
wurden für Zimmermann zu Kronzeugen:
Das Gesetz verrät sich in Bayern selbst oder es
wird an sich selbst verraten. Weil man sein Opfer
braucht als Chance gegen den Terror.
Der Mechanismus ist ganz einfach
und bundespolitisch bekannt geworden
im Jahre 1982 durch die FDP:
Der Umkehrwillige singt, um seine Haut zu ret-
ten, entlarvt seine Mitstreiter, deckt ihre Organi-
sation auf und verschwindet dann durch eine
Apanage – in bundestagsdeutsch: Diät – zu

neuer Identität verdickt in einem anderen Verein
– in bundesdeutsch: Regierung.
Was man also an alten amerikanischen Kitsch-
filmen auf der Couch oder im Lehnstuhl ertra-
gen mußte, wird bei uns brutale Wirklichkeit.
Da erhebt sich die Frage:
Wäre nicht auch die Folter
eine Chance gegen Terror?
Die Frage ist ja nämlich,
was überhaupt Terror ist?
Nun, dazu braucht man heute keinen mehr um-
zulegen oder sich in einem Anschlag zu manife-
stieren. Es genügt nach neuerer Gesetzgebung,
einen Strommast anzusägen. Oder auch nur für
Gewalt zu sein. Dies reicht vollkommen. Man
muß es gar nicht aussprechen. Man kann sich
Kohl und Zimmermann gegenüber völlig harmlos verhalten, aber wenn man nur einmal innerlich die Hand gegen sie erhebt, hat man sich den
Status des Terrors schon eingehandelt. Das
heißt, daß wir alle Terroristen sind, denn wer
von uns hätte gegen Kohl noch nie die Hand er-
hoben.
Innerlich.
Diese Definition erleichtert natürlich eine aus-
führende Gesetzgebung kolossal. Weil sie keinen Unterschied mehr macht zwischen Tat und
Motiv. Früher suchte man zur Tat das Motiv.

Heute hat man das Motiv, denn es wird bei jedem Bürger als gleich angenommen, und man sucht nur noch die passende Tat dazu.

Und hier stellt sich die Frage:

Wäre nicht der Ruf nach einem starken Mann eine Chance gegen Terror?

Für diesen Terror wird Recht jetzt sogar angerichtet im Doppelpack. Zum möglichen Beispiel mit Schutzobservation: Der Staat spioniert noch vor dem Täter das Opfer aus, kann mit dem Kronzeugen schon vor der Tat nach dem Opfer fahnden und hat das Opfer gefaßt, noch bevor es zur Tat gekommen ist.

Kommt man mit all dem nicht zu der Frage:

Wäre nicht die Todesstrafe

eine Chance gegen Terror?

Und ist die Antwort nicht unmüßig,

ob nicht am besten

Terror eine Chance gegen Terror wäre?

Dem Terror Todesstrafe
stehen die Zimmermänner der CSU in fernen Ländern ja nicht gern im Wege: Der Fall der vierzehn zum Tode Verurteilten in Chile, wo sich Norbert Blüm noch 1987 in die Menschenrechte gesetzt hatte, scheiterte in Deutschland vor allem an nicht genügend entwickelter Rechtspraxis.
Oder auch an genügend rechts entwickelter Praxis.
Das Pech der vierzehn war eben,
daß sie nicht rechts gerichtet sind,
sondern maximal rechts hingerichtet werden.
Es würde diesen Fall beträchtlich erleichtern, wenn es sich bei den vierzehn Chilenen um den einen Pinochet selbst handeln würde. Wäre dieser gestürzt und abgeurteilt und hätte er unter Folter schwerste Verbrechen gestanden, er würde im Deutschland der Bayern immer unterkommen, denn zum einen wäre die Folter überflüssig gewesen und zweitens hat er sich ja nie gegen seine eigene Regierung gewendet.
So besehen muß Graf Stauffenberg von 1944

dem Zimmermann von heute als Gipfel des Terrors erscheinen, wenn er ihn an jedem 20. Juli feiern muß. Wäre dieser Stauffenberg nicht rechtzeitig hingerichtet worden, er säße längst in Stammheim.
Oder hatte er sich denn nicht
gegen die eigene Regierung gewendet??
Dann wäre sogar Einzelhaft selbstverständlich.
Es wäre nur zu deutsch,
dieser Verhaftung nachzukommen.
Das Selbstverständnis ist ja oft das Deutsche.
Wie auch das Deutsche
oft selbstverständlich ist.
Die Logik versteht im Deutschen
immer nur zwei Sprachen.
Das polyglotte Spiel würde bei dieser Gelegenheit um eine Variante ergänzt, wenn man damit zu experimentieren versuchte, welche Morde ein Zimmermann unter Folter gestehen würde, die er nie begangen hat, für die man ihn aber unbedingt zur Haftung ziehen müßte, denn es reicht ja nach seinem Recht inzwischen der Tatvorwurf.

Außerdem ist zum chilenischen Fall hinzuzusetzen, daß das Grundgesetz uneindeutig bemerkt:
›Politisch Verfolgte genießen Asyl.‹

Dummerweise
fehlt die substantivische Spezifizierung.
Man ahnt heute, daß Menschen gemeint sind:
›Politisch verfolgte Menschen genießen Asyl.‹
Aber man hätte es eben damals dazu schreiben
müssen.
Bei so viel Unklarheit muß es den Straußähnli-
chen unter Nägeln brennen, dies im Wortlaut zu
klären und für die dritte Welt und auch für unter
Folter gestandene Terroristen abzuschaffen.
›Die Würde des Menschen ist unantastbar‹,
hat man sich verschrieben im Grundgesetz.
Vielleicht sollte man doch noch
›deutsch‹ einfügen:
›Die Würde des
deutschen Menschen ist unantastbar!‹

Wir verstehen unser Grundgesetz als einmalig.
Und da wir exakt sind, auch in deutscher Spra-
che, bedeutet dies für uns wirklich den hohen
Maßstab des Einmaligen:
Wenn einmal einer käme,
der politisch wäre,
könnten wir zu ihm gerne grundgesetzlich sein.
Aber Tausende?
Können wir zu Tausenden
grundsätzlich gesetzlich sein?
Durch Inanspruchnahme empfinden wir unser

Grundgesetz als mit den Jahren entfremdet. Weil
wir Deutsche meinen, daß wir uns daran messen
lassen müssen. Der Deutsche glaubt stets, er
müsse seine Literatur auch wahrmachen.
Wenn das Grundgesetz Wirklichkeit werden
soll, müssen wir es der Realität anpassen:
Kann man ein Recht auf Arbeit
bei dieser Arbeitslosigkeit noch gewähren?
Darf man bei solchen Demonstrationen
noch das Recht auf Versammlung verankern?
Meinung ist schön und gut,
aber muß Näheres nicht
ein Zusatzgesetz regeln?
Ist Würde noch grundgesetzgemäß?
Reicht nicht der Buchrücken
mit dem Aufdruck ›Grundgesetz‹
für das Bücherregal völlig?
Der Inhalt ist bald nur mehr
große deutsche Dichtung.
Jene hohe Erzählkunst,
die vielleicht ursprünglich
sogar als Erzählung gedacht war.
Das Grundgesetz sollte jedoch nicht
verfilmt werden für die Wirklichkeit.
Es sollte von jedem selbst gelesen werden.
Es lebt von der Vorstellung
und verliert in der Darstellung,
die einem jeden Traum
und alle eigenen Bilder nimmt.

Denn ist zum Beispiel die Darstellung einer der grundgesetzlichen Wahlen erst einmal über die Leinwand, fragt man sich, was man wieder angeguckt hat? Und muß man sich wirklich dasselbe immer noch mal angucken, wovon man dann wieder vier Jahre lang nicht träumen kann?

Das ist ja das Handikap in Deutschland, daß man alle vier Jahre zum selben Traum erwacht und das gleiche wählt: Wenn die Regierung sagt: ›Zukunft‹, heißt das, daß sie in vier Jahren eben immer noch da ist.

Dann muß man sich wieder dafür entscheiden, und nach vierzig und mehr Jahren merken wir, daß wir mit der Demokratie doch nicht die Bequemlichkeit gewählt bekommen haben. Wir versuchen nur, uns diese Demokratie ein bißchen komfortabler zu halten, indem wir uns alles vorhersagen lassen, was wir im nachhinein dann bestätigen sollen:

Denn wir haben es über das Demokratische weit hinaus zu einen demoskopischen Rechtsstaat gebracht. Wir haben ein im Grundgesetz verbrieftes Recht auf Meinungsforschungsbildung.

Blanke Meinung ist fast gar nicht mehr existent in der Bundesrepublik. Man erkennt immer mehr, daß der Bundesdeutsche nicht wählen kann, und das eben nicht nur, weil Frau Noelle die Wahlen so genau voraussagt. Es kommt da zwar meistens etwas anderes heraus, als es Frau Neumann haben möchte. Man hat in vielen Fällen das Gefühl, sie arbeitet umsonst.

Nicht für Geld, sondern für Meinung.

Für die Meinung arbeitet sie umsonst.

Für Geld arbeitet sie nie umsonst:

Seit die Regierung am Werken ist, bekommt Frau NN an Geldern das sieben- bis zehnfache, verglichen zu dem, was vor Kohl kam. Da sollte das Vorgesagte schon ein bißchen stimmen – zumal ein bißchen beim Deutschen reicht – sonst wäre das Geld ja rausgeschmissen! Wenn die Vorhersagen nicht stimmen! Nur damit der Wähler machen kann, was er will, und nur um seine Meinungsfreiheit zu beweisen. Das wäre ein bißchen arg umgesprungen mit Demokratie.

Ein bißchen zwar, aber umgesprungen.

Meinungshalber wird der Wähler von Jahr zu Jahr ein unsicherer Faktor, weil man nie weiß, inwieweit er sich noch an Voraussagen hält.

Man hat ja bereits überlegt, ob man den Bundestag nicht lieber zusammensetzt gemäß der Meinungsumfragen, statt den Wahlen zu entsprechen.

Das würde auch den Politikern die Aufregung über Meinungsäußerungen vor diesen Wahlen ersparen, denn sie haben die Meinungsäußerung, so es sie noch gibt vor den Wahlen, zwar verboten, aber nur öffentlich-rechtlich.

Man soll seine Meinung schon äußern,
auch vor der Wahl,
aber man soll keine haben.

Denn,
sagt Bonn,
es ist nun einmal die Meinung
vor der Wahl
eine Satire.
Beziehungsweise
gerät ihnen vor der Wahl alles zur Satire,
so daß man dazu
nur eine Meinung haben kann,
die wiederum nur als Satire möglich ist.
Und das nicht nur vor der Wahl.
Deswegen sehen sie Meinung
auch nach der Wahl
oder zwischen den Wahlen
nie gern,
und deswegen gibt es sie kaum,
denn viele richten ihre Wahl doch nach Bonn,
beziehungsweise ihre Meinung.
Und da dort alles möglich ist,
kann mittlerweile auch alles Meinung sein,
sprich Satire.
Vor allem vor Wahlen.
Man geht schon dazu über, jeden Spielfilm, in

dem das Wort ›sozial‹ oder ›christlich‹ auftaucht,
vor einer Wahl zu verbieten, weil es so ähnlich
klingt…
Und sechs Wochen vor der Wahl
– das ist bekanntermaßen die Sperrfrist.
Vorher meinen die Wähler sowieso nicht –
darf niemand mehr etwas Ähnliches in den
Mund nehmen. Es könnte Meinung sein. Und
um sich seine Meinung zu bilden, darf man in
Deutschland vor der Wahl nichts mehr hören,
was im entferntesten an eine Partei erinnert.
Nur so kann sich
die Reinheit der Demoskopie bilden,
die als Meinungsverbildung
Einzug in Deutschland gehalten hat.
Wozu also finden noch
Wahlen statt in der Bundesrepublik?
Sind doch nicht nur die Ergebnisse,
sondern auch die Alternativen
stets recht verwechselbar:
Bei der Bundestagswahl 1987
war Johannes Rau selig.
Doch war er nicht seriös genug komisch.
Und hatte doch Prozente zugelegt.
Und war doch weg vom Fenster.
Während Kohl Prozente verlor.
Und doch blieb.
Aber das ist eben das Deutsche.

Wir Deutschen können das:
ein bißchen so
und ein wenig nicht.
Wir können ein bißchen schwanger werden.
Ganze Kinder gebären wir selten.
Ohne Mißtrauensvotum
wäre Schmidt heute noch amtlich.
Der Deutsche braucht die Revolte von oben.
Selbst macht er immer nur das Bißchen.
Ein bißchen Kohl.
Ein bißchen Frieden.
Ein bißchen weniger Waffen.
Ein bißchen nicht Rau.
Das bißchen Rau wäre ein bißchen zu wenig
ein bißchen Kohl gewesen.
Versteht man das ein bißchen?
Alle vier Jahre heißt es in der Bundesrepublik:
Auf ein bißchen.
Heiter so, Deutschland!

Wozu also
inszeniert man noch Wahlen hier?
Treten doch die meisten Auserquälten selbst im
Falle nie wieder zurück. Selbst nicht im Notfalle.
Denn sie haben beim Erlernen des Politiker-Be-
rufes – der ähnlich dem Lehrer- oder Schauspie-
ler-Beruf gar nicht zu erlernen ist, denn Fragen
der Persönlichkeit lassen sich nicht erlernen, sie
lassen sich maximal studieren, aber nur wenn
man sie mitbringt. Dann kann man sie an sich
selbst studieren und überrascht sein darüber,
was man alles gelernt hat, ohne sich etwas beige-
bracht zu haben – denn sie haben also beim un-
möglichen Erlernen ihrer Berufung die Beuge-
fälle falsch hergebetet und so haben sie sich
dann auch eingeprägt, denn sie sind in über vier-
zigjähriger bundesdeutscher Geschichtslosig-
keit zu Personifikationen ihrer Ämter geworden.
Es ist heute nicht mehr denkbar,
daß ein Minister den Rückzug antritt, wenn er
schuldig geworden ist. Es ist sogar indiskutier-
bar geworden, ob einer zurücktritt, weil er nicht

schuldig ist. Sondern weil er nur die Verantwortung trägt. ›Verantwortung im Amt‹ wird heute als Laune selbstbewußtloser Vorgänger betrachtet. Man möchte in dieser Zeit nicht mehr verstehen, daß man für den eingetretenen Fall nicht persönlich bestraft wird, sondern lediglich ein Amt reinhält. Man will nicht mehr wissen, daß es sich bei einer rücktrittlichen Konsequenz um einen symbolischen Akt handelt; man glaubt, man selbst sei das Amt, das als solches schlechterdings nicht zurücktreten kann, denn es ist Symbol, und kann also keinen symbolischen Akt vollführen. Man glaubt, man sei bereits Symbol durch das Tragen eines Symbols, und als Amtsträger sei man das Amt schlechthin. Man steckt sich ab wie ein Revier mit diplomatischen Duft-Noten. Denn die Amtlichen sind nichts ohne sich, sie sind nichts ohne ihr Amt.
Es müssen erst andere kommen,
die sie aus ihrem Revier Amt vertreiben.
Nur dann können sie gehen müssen.

Eine Ausnahme mag
deutschhalber
Herr Peter Boenisch als kurzweiliger Regierungssprecher gewesen sein, der praktisch noch vor der Schuld zurückgetreten war. Der sich gewissermaßen noch vor dem Hochmut fallen ließ.

Man konnte ihn nie richtig beschuldigen, weil er bereits über alle Ämter war, mit denen er offensichtlich nicht sehr verwachsen schien.

Aber

er bedeutete in der politischen Ebene einen empfindlichen Ausrutscher. Mit seinem Verhalten aus grauer Zivilisationsvorzeit ist er der Regierung zu morbid geworden. Sie hat bis heute keine Worte mehr über ihn verloren, denn sie möchte ihn unter keinen Umständen als Alibi gebrauchen müssen. Im Gegenteil ist Herr Boenisch heute vielmehr als Albino anzusehen:

das weiße Schaf in der Familie, aus der er sich unerklärterweise ausgestoßen hat. Er ist ihnen peinlich, weil er mit seiner unmißlichsten Aktion Schreckschüsse der Regierungsarbeit in ihrem Funktionsablauf erläuterte, die ansonsten nach hinten loszugehen pflegen.

Doch da man in Bonn stets von Eigentoren lebt, sprich: die Munition

meistens verkehrt herum eingelagert ist,

landen die

nach hinten gehenden Schreckschüsse

doch wieder mitten im Volk,

dem in der Zwischenzeit alles von Friedhelm Ost erzählt wird, der als freier Journalist gerade deswegen zum Sprecher der Regierungstaten beruf-

fen wurde, weil er in der Partei keinen Standpunkt hatte, keine Zuordnung und auch kein Buch, denn das ist das eigentlich Signifikante an der Bonner Politik:
Daß sie im Grunde jeder vertreten kann,
der nichts mit ihr zu tun hat.
Es reicht,
sich kurz aus der Tagespresse Schlagworte über sie einzuholen, um sich über sie versprechen zu können. Und diese Versprechen werden dann gewählt als das, was sie sind:
als Schlagworte:
Ob Kohl oder Rau,
Vogel oder ähnliche
Fähigkeiten haben oder nicht,
ist für den Wähler nicht mehr entscheidend:
Um im rechten Licht zu strahlen, erklärt sich auch die SPD nicht. Um sich von Kohl zu unterscheiden, ist es wichtig, daß man die Unterschiede nicht herausstreicht. Für die Wahlen ist nur von Bedeutung,
ob beide Kandidaten
– zu mehr reicht es schon nicht mehr
in unserer Parteienlandschaft –
eine nette Familie haben,
und daß beide Bedenkenträger sind,
die – jeder für sich und zusammen – eigentlich ein neues Traumpaar auf den deutschen Plakat-

wänden ergäben, von denen man weiß, daß sie
im Leben nie zusammenfinden, weil sich jeder
für sich harmonisch ergänzt.
Amtsbewerber unterscheiden sich heute
nur noch in Form der Partei.
Und die unterscheiden sich heute kaum noch:
In der CDU
legt man immer mehr Hand an die Arbeiter.
In der SPD wird immer mehr gebetet.
Einig ist allen das Wir-Gefühl,
das alle vereinigt.
Kohl, Rau, Engholm, Späth, Dohnanyi,
jeder ist eine Symbiose,
die keine Partei mehr nötig hat.
Und keinen Inhalt.
Ein König täte es auch.
Frei von Inhalt und Partei.
Ein Schlagwort.
Der Wähler wählt royal
ein Schlagwort:
›Einer von uns‹,
›Auf den Kanzler kommt es an‹,
›Die Zukunft‹,
›Der Fortschritt‹,
alles paßt auf alle,
und doch paßt nichts mehr.
Jeder kann alles sein,
und keiner kann.

Wenn man allen auf der Straße begegnet,
kann es auch Kohl gewesen sein.
Oder Rau.
Oder Vogel.
Dem Wähler ist es egal, wer, denn seine Psyche
will nicht informiert werden. Sein Denken ist
mit so vielen Entscheidungen vorbelastet, die er
nicht fällen muß, daß es seine Seele schlicht
wünscht:
Wer SPD will, muß SPD wählen. Kreuz.
Wer CDU will, hat eben Kohl mit dranhängen.
Auch Kreuz.
Ein Glücksspiel.

Pekuniär ohnedies.
Seit Karl Friedrich Flick ist ein Abgeordneter vollends zur Spekulation für den Bürger geworden.
Auf dem Schachmattbrett des Grundgesetzes
heißt das Spiel:
Raus aus neunundvierzig.
Ein Qualma
der deutschen Nachkriegsgeschichte.
Wir können mit den Steinen, die uns im Geiste
liegen, nur noch Mühle spielen, was uns nicht
davor bewahrt, am Ende die Gemahlenen zu
sein.
Denn die Sache ist die, daß wir in Deutschland
eine feine soziale Marktwirtschaft haben, in der
man sowohl einer gewissen Preiskontrolle ge-
wahr wird, als auch mit Preisen eine Gewissens-
kontrolle erzielen kann. So ist es nicht denkbar,
eine ganze Regierungsstadt vom Geld zu lösen,
denn es muß ja schließlich noch in irgendeiner
Form regiert werden, und wie wäre das denkbar?
So ganz ohne Meinung?

Außerdem hat die Staatsanwaltschaft in diversen parteispendenhaften Prozessen stets betont, daß die meisten Tatbestände in dieser Hinsicht schnell verjähren, weil Meinung in Bonn einfach nicht haltbar ist!

Das bedeutet zusammengefaßt in wahldeutsch:

Die Chance, daß ein Abgeordneter den Bürger auf Dauer vertritt, nur weil der ihm sein Kreuz gegeben hat, ist etwa so groß wie beim Lotto: eins zu potztausend. Das Glück der Interessenswahrnahme wird ungleich größer, wenn man sich mit großen Scheinen mehrere Glückslose in Form eines glücklosen Abgeordneten kauft, dessen Glück dann in dem Los besteht, nur Gewissem unterworfen zu sein. Und dieses Gewisse ist das Etwas, das als Meinung durch Bonn geistert.

Mit diesem Standpunkt stehen ihre Vertreter auf dem Boden des Grundgesetzes.

Manchmal stehen sie auch lediglich
auf dem Grundgesetz
wie auf einer Leitung.

Sehr beliebt ist ja das geflickelte Wort geworden von dem, der ein langes Grundgesetz hat, heißt, daß er sich in dessen Wirren gerne so verfängt, bis er erfolgreich nichts davon verstehen möchte.

Auf jeden Fall stehen sie alle zusammen auf dem

Boden, denn sie haben als Erwählte stellvertretend den Unbillen des demokratischen Wetters zu trotzen:

Nach der Flickzeit hatten einmal besonders in Schleswig-Holstein orkanartige Stürme und Unwetter einen Toten und mehrere Verletzte gefordert. Zwar hatte das Volk noch Katastrophenalarm ausgelöst. Und die gesamte Regierung hätte eigentlich sofort evakuiert werden müssen, aber sie hing noch eine ganze Zeitspanne an ihrem bißchen Machtgehabe, während meterhohe Wellen der Empörung bereits Parteimitglieder davongespült hatten. Die Regierung war damals praktisch von Anfang an völlig von der Umwelt abgeschnitten. Die Straßen zu ihr waren unpassierbar geworden. Die Verständigung zusammengebrochen. Und auch die Opposition konnte wegen des starken Sogs lange nicht in die Häfen einlaufen, wo verunreintes Denkwasser und Extremisten in der Regierung eine schwelende Seuche ausgelöst hatten. Dennoch wurde in der Statistik das siechende Volk nie mitgezählt.

Man spricht, wie gesagt, nur von einem Toten. Doch beerdigt wurde im Oktober 1987 weitaus mehr.

Die Schatten reichten nicht,
alles gnädig zu bedecken.
Und so blieb vor allem
die alles überlebende Frage:
Würde ein Uwe Barschel
heute noch unter uns weilen,
wenn der Wähler weiterhin, beschattet gnädig,
nichts von ihm wissen würde.
Die Antwort
ist das politisch klarste Ja
der letzten vierzig Jahre.
Mit diesem Wissen muß der Wähler leben.
Und mit dem Anerkennen,
daß er selbst eine Brutalität zu gewähren hat,
die er nur aus der Politik kennen kann:
Er muß die Opfer geschehen lassen,
die sogar ein demokratisch anmutender Staat
für ein Gleichgewicht der Kräfte braucht:
Dieser Staat hatte einen Schleyer geopfert,
um dem Terror
nicht die Oberhand geben zu müssen.
Dieser Wähler hatte einen Barschel zu opfern,
um dem Staat nicht die Oberhand zu lassen.
Der Preis für den Staat war,
daß Menschlichkeit
außer Kraft gesetzt werden mußte.
Der Preis für die Information des Wählers,
der Preis für den eigentlichen Staat also, ist,

daß Politik nicht nur über Leichen geht,
sondern sogar über die eigene.
Ein Preis allerdings,
der von Beginn an nutzlos war:
Ist doch vom Opfer Barschel
manches am Leben geblieben:
Wenn wir uns umsehen
nach Stoltenberg und Kribben zum Beispiel,
merken wir,
daß eine Ähnlichkeit
mit nicht mehr lebenden Personen
nicht zufällig ist.
Das Abgefeimte,
Bestechliche,
Unmenschliche,
Verbohrte
im Politischen entschläft nicht
mit dem Menschen.
Und die Politik ist nicht totzukriegen.
Das Untragbare bleibt auf dieser Welt.
Und alle Jahre wieder stehen wir mit weihnacht-
lich-gläubigen Augen vor keiner Wahl, der
Scherbe der Demokratie, die wir mit unserem
Kreuz dann zusammensetzen sollen.
Doch wie kann eine einzelne Scherbe
einen Krug machen,
der nur am Brunnen der Politik bräche.
Ist es ein Wunder,
daß man stimmungslos wird?

Wo doch Wahl jedesmal, wenn sie stattfindet,
nur noch
eine schlagartige Erhellung dessen ist,
was sie sein könnte.
Mit ihrer Einmaligkeit ist Demokratie in
Deutschland zur bloßen Formulierung eines
Gedankens degradiert, zur einseitigen Verkür-
zung verformt, um ideale Zustände auf knapp-
stem Zeitraum zu illuminieren.
Und zwar ideale Zustände,
wie sie die Verfassung schon lange vorgibt.
Doch gerade seit sie das tut,
ist sie im Sprachgebrauch
fast ausschließlich negativ belastet:
Man kennt an Wörtern,
die sich mit ›Verfassung‹ bilden lassen,
vor allem:
›Verfassungsfeind‹,
›Verfassungsklage‹,
›Verfassungsfreund‹
zum Beispiel gar nicht komischerweise,
das heißt, so komischerweise gar nicht,
man kennt
›verfassungsmäßig‹,
um nicht zu kalauern
›sehr mäßig‹,
man nennt
›verfassungswidrig‹,

›Verfassungsbeschwerde‹,
›Verfassungsverrat‹,
und so weiter
und so Verfassung.
Also ist der Begriff negativ besetzt.
Was eine gewisse Erklärbarkeit erfährt,
wenn man bedenkt,
daß die Verfassung unter der Besatzung zustande gekommen ist.
Wobei die Verfassung nicht das einzige Elementare darstellt, das wir von den Amerikanern zugeschanzt bekommen haben. Sie ist ja auch nicht das Einzigste von ihnen, das negativ besetzt ist.

Aber wenigstens
kamen wir mit diesen Negativa
wieder auf den Weg,
deutsch zu sein.
Obwohl dieser Weg
natürlich die Frage aufwirft:
Was ist das Deutsche?
Das ganz normale Deutsche?
Zur Beantwortung dieser Frage
bedarf es zuerst einmal einer Klarheit
über das Normale.
Was ist das Normale?
Was ist beziehungsweise
beim Deutschen das Normale?
Das ganz normale Normale?
Und das ist beim Deutschen
meistens etwas ganz Verrücktes.
Oder anders ausgedrückt:
Das Normale ist beim Deutschen das,
was er an Verrücktheiten lange genug macht.
Das Normale ist bei ihm vorwiegend die Gewöh-
nung an das, was normalerweise mit normal gar
nichts zu tun hat. Damit ist das Normale als Ge-

wöhnung wiederum nichts anderes als eine
Sucht, das heißt, eine Anpassung des deutschen
Körpers an immer höhere Dosen der Norm.
Wiewohl das, was Norm ist im Deutschen, oft
völlig aus der Norm fällt. Man sollte normalerweise keine Namen nennen, aber es gibt Na-
mensträger, die sowohl ein Beispiel für Norm
darstellen, weil jeder normale Deutsche sie darstellen kann, als auch ein Beispiel dagegen sind,
weil es oft schon nicht mehr normal ist, wie sie
mit Gewöhnung versuchen, gewohnte Normen
umzunormen.
Und damit wird die Frage nach dem Normalen
beim Deutschen eigentlich überflüssig.
Ob die Frage nach dem Deutschen
auch überflüssig wird durch diese Negation,
werden wir selbst beantworten müssen.
Doch die Frage nach der Normalität
ist beinahe gleichbedeutend
mit der Frage nach dem Leben.
Statt uns zu fragen, was Norm sei,
kann man uns auch gleich die Antwort geben
auf das, was Leben ist:
Alles.
Norm ist alles.
In Deutschland.
Und alles ist beim Deutschen eben,
daß wir in unserer Normalität

schon lang nicht mehr
ganz gewöhnliche Menschen sind.

Bleibt doch die Frage,
was der Deutsche ist?
Bleibt das Deutsche:
Was ist das normale Deutsche,
das typische normale Deutsche?
Gibt es das überhaupt?
Den typischen Deutschen?
Gibt es den typischen Amerikaner,
den typischen Franzosen
oder Italiener,
außer daß in den Gedanken derer etwas kreist,
was meint,
es gäbe den typischen Deutschen?
Und was wäre das dann?
Wie oft sehen wir uns an und denken:
Sehen wir Deutschen wirklich aus,
wie wir als Deutsche?
Wie welche, die uns fremd sind?
Sehe ich einem Deutschen ähnlicher als mir?
Oder der Deutsche mir ähnlicher als sich?
Das Aussehen ist immerhin sichtbares Zeichen
für Innereien. Wenn ich mir vorstelle, es gleicht
mir jemand, muß er auch so aussehen wie ich
selbst. Und Wiederholbarkeit entwertet. Wie
entwertet bin ich durch mich als Deutscher und
durch andere Deutsche als ich?

Bin ich weniger als ich als Deutscher?
Mache ich einen geringeren Eindruck als ich
durch mich?
Und werde ich am Ende
nur das Produkt von fremden Bildern?
Das Resultat,
das andere sich zusammensetzen
aus Deutschen,
die sie sich wiederum
von anderen Deutschbildern gemacht haben?
Bin ich schließlich nur ein Deutschbild?
Eine Projektion,
Ein Dia-Positiv,
das andere Länder
beliebig scharf einstellen können?
So quält uns natürlich die Frage,
ob ein anderer Deutscher anders existiert,
als in unserem Deutschbild,
das wir uns machen von anderen
und nicht, das wir uns machen von uns selbst.
Als Deutsche.
Jeder für sich. Und jeder von sich allein.
Ist man überhaupt noch
als Deutscher man selbst?
Und ist man überhaupt deutsch?
Was ist das Deutsche?
Wahrscheinlich läßt sich diese Frage
nur mit dieser Frage beantworten.

Und nicht nur die Frage,
auch die Fragestellung
ist dann wohl das eigentlich Deutsche:
Dinge wissen zu wollen,
die man nicht zu erklären vermag.
Wir wollen hinter den Deutschen schauen,
weil wir voraus nicht sehen können.

Dieser Zwiespalt macht unsere Probleme. Das Deutschsein
ist von zu vielen Seiten her beantwortbar.
Die psychische Belastung mit dem,
was wir sind,
ist einfach zu hoch.
Nicht umsonst
sind die Deutschen
stets die Auswanderer unter den Nationen.
Die Vereinigten Staaten, das Land der Einwanderer, sind zu einem hohen Prozentsatz deutscher Abstammung. Der Deutsche empfindet sein nationales Ich meist erst im Ausland, was erklärlich wird durch seinen Sinn für Suche und Finden und Tiefe.
Der Deutsche will tief sein.
Er muß sich ins Bodenlose verbohren.
Und es ist ihm unerträglich,
wenn er etwas nicht begreift.
Da er das aber gleichzeitig
auch nicht zugeben kann,
ist ihm kein Nachfragen gestattet
und es bleibt ihm
jede weitere Einsicht verwehrt.

Statt jedoch die Schönheit des Nichtbegreifens zu genießen, verfällt er in Agonie und pflegt die Schuld dafür ausschließlich beim Lehrstoff zu suchen und keinesfalls in der eigenen Auffassungsgabe. Unwissend gräbt er weiter in der Tiefe und bemißgünstet dafür die Untiefen beispielsweise der Amerikaner, die er für so entsetzlich oberflächlich hält. Sie sind ihm viel zu untief.

Wenn er schon an die Schnellebigkeit amerikanischer Begegnungen denkt: Jeder grüßt jeden, wie er ihn ewig kennte, aber keiner bleibt stehen für tiefes Gespräch. In Deutschland bleibt auch keiner stehen für ein tieferes Gespräch, aber hier grüßt auch keiner. In Amerika geht man spazieren, handelt sich ein wildfremdes Lächeln ein und geht weiter, denn man weiß:
mehr als ein Lächeln
ist zwischen den Menschen nicht drin.
Wenn man in Deutschland spazierengeht und sich begegnet in Form eines anderen Deutschen, bemüht man sich krampfhaft wegzusehen, um nicht lächeln zu müssen, und dreht sich dann um, um der wieder einmal verlorengegangenen Tiefe hinterherzutrauern.
Man ist empört,
daß der andere nicht gelächelt hat,

und ist nicht in der Lage,
sich einzugestehen,
daß man selbst hätte hingucken müssen.
Was den Deutschen am Amerikaner so erledigt,
ist, daß sich in Amerika alle Freund sind. Was
der eine nicht gibt, gibt eben der andere, und was
der andere nicht gibt, gibt man sich selbst. Hier
muß alles von dem einen kommen,
und auch nicht mal von sich.
Denn wir nehmen lieber,
ohne zu merken,
wie sehr wir uns damit etwas vergeben.

Das alles weist auf den Deutschen als auf ein wenig diesseitiges Wesen hin. Wir sind im Gegensatz, um beim Beispiel zu bleiben, den Amerikanern viel mehr jenseitig. Daß etwas weitergeht, daran hängen wir. Und daß etwas woherkommt, davon können wir auch nicht lassen. Wir freuen uns im tristen Alltag auf eine Begegnung, die uns Anregungen verspricht, bei der wir dann nichts anderes tun, als angeregt davon zu berichten, wie sehr uns unser gar nicht so trister Alltag ausfüllt. Und befinden wir uns dann wieder in unserer Tristheit, schwärmen wir davon, wie bezaubernd es doch war, über diese sich begeistern gekonnt zu haben. Und freuen uns darauf, es hoffentlich bald wiederholen zu können, und dann möglichst darüber zu enthusiasmieren, wie schön seinerzeit die Stunden waren, in denen man verzückt über Alltägliches geplaudert hatte.
Damit hält sich der Deutsche
meist jenseits der Gegenwart auf.
Er fühlt sich wohl in Zukunft
oder in der Vergangenheit.

Ein Diesseits kennt er nicht.
Deswegen legt er es als Ungläubiger
ja auch so sehr darauf an,
daß der Herr
ihn einstmals dorthin abberufen wird.
Am Ende seiner persönlichen Zeit.
Die Sektenhaftigkeit ist auch in Deutschland
sprunghaft angestiegen und mit ihr der unbe-
dingte Glauben, daß wir mit all unseren Zu-
kunftssorgen und Vergangenheitsängsten doch
am Schluß gen Himmel blicken dürfen
und in die Endlichkeit eingehen.
Die es für uns
auf dieser Welt nicht geben kann.
Wir Deutsche sind nie von dieser Welt.
Immer nur von der Welt, die kommt.
Oder aber von der, die schon gewesen ist.
Wir kämen nie auf die Idee,
das jetzige,
momentane
und augenblickliche Leben
zum Ziel unseres Daseins zu erklären.
Wenn wir viel haben, brennen wir auf das, was
noch mehr kommt, und wenn wir nur viel behalten, trauern wir über das, was wir zu irgendeiner
Zeit einmal nicht gehabt haben. Wer sehnte sich
nicht als Deutscher am vollen Gabentisch nach
der herrlich kargen Nachkriegszeit, in der man

mit einer Schokoladentafel viel zufriedener gewesen sei?

Wir rennen um den verlorenen Wald und hoffen auf eine übernatürliche Wiederkehr, aber wir tun gerne nichts dafür, daß wir uns in der Gegenwart noch an ihm freuen können.

Denn das Diesseits
ist uns ganz einfach zu mühsam.

Die Amerikaner,
im Gegensatz,
nehmen vom Wald, was übrig ist.

Sie bauen ein Museum darum herum, und freuen sich diesseits und gegenwärtig darüber. Was später kommt, interessiert sie nicht; jetzt wollen sie den Wald, und jetzt haben sie ihn ja auch noch. Das klingt vielleicht nicht so ganz echt.

Aber Amerika ist auch gar nicht so ganz echt.

Es handelt sich da mehr
um ein Land der Kopie.

Insbesondere geschichtlich
wird beinahe alles kopiert.

Kirchen,
Straßenzüge,
Bettbezüge,
Charakterzüge
und Städtenamen,
ganze Stile sind oft Kopien
aus fernen, fernen Ländern.

Amerika ist im Grunde genommen ein Duplikat, das allerdings als solches Einmaligkeit und Originalität genießt. Sie stellen die Geschichte nach.

Wir Deutsche stellen ihr nach.

Dativ.

Jedoch kennen die Amerikaner meistens nur den ersten Fall oder den vierten, wenn er wie der erste klingt. Jedenfalls was die Geschichte angeht.

Nachmachen ist das Kosewort.

Dativ wäre nämlich der Zweck, auszudrücken, wem sich die im Verb ausgedrückte Handlung zuwendet. Viel zu kompliziert! Mit welcher Geschichte steht was in bezug zu wem?

Viel zu umständlich!

Da ist der Nominativ gefragt:

Er dient der Angabe des Subjektes:

Das Subjekt, der Amerikaner, gibt an. Und gibt an, er stellt Geschichte nach. Er macht sie regelrecht nach und motzt sie zum Modernen auf. Er macht das Alte gegenwärtig. Er erstellt es.

Diesseits.

Gegenwart.

Die Gegenwart ist dort akzeptiertermaßen originalgetreue Nachbildung. Denn das Original wäre zu verdächtig. Ein echter Präsident wäre über eine so lange Amtszeit wie die des Reagan

zum Beispiel unbedingt verdächtig gewesen. Da
war dann der Originalgetreue der Wahre und
der Echte. Weil er damit beides in sich verband:
den originalgetreuen Anschein
und das Billige der Kopie.
Er hatte was und hatte beides.
Das Abbild der Realität
hat in den Vereinigten Staaten
noch immer die Wirklichkeit verdrängt
zugunsten eines Spieles
mit der Wahrhaftigkeit.
Geschichte hält sich dort
nur auf der Basis des Marketing:
Sie wird möglichst verkaufbar
und verkaufbar erst möglich gemacht.

Und über allem weiß man in Amerika,
daß man kein historisches Verständnis hat.
Man weiß es nicht nur,
man setzt es geradezu voraus.
Das macht es ihnen so leicht zu leben.
Und das macht es uns so schwer:
Weil wir uns schämen zu fragen:
Deutschland, was ist das?
Und diese Frage ist in Amerika problemlos
und ohne Verlust des Ansehens möglich.
Unwissen wird erwartet.
Wir Deutschen setzen Wissen voraus,
das wir nicht einmal haben können. Wir können
Waterloo für ein Sauerkraut halten und haben
während der ganzen Debatte das eigenartige
Gefühl, daß dies wahrscheinlich nicht sein kann,
aber wir reden weiter ungefragt und fraglos darüber, als ob es sich um eine Schlacht gehandelt
hätte. Und das tun wir so allgemeinplätzig und
allpassend, daß keiner auf die Idee käme, uns zu
fragen, ob wir denn nicht wüßten, daß Waterloo
in Wirklichkeit eine Sauerkrautsorte wäre. Wir
denken von Deutschland, als wäre es ein Land,

und so reden wir auch darüber, und das tun wir
so unverfroren und untypisch, und so sehr Wissen voraussetzend, daß keiner sich traut, zurück-
fragen,
was Deutschland denn sei?
Was ist Deutschland?
Wir wissen es nicht.
Aber wir können
mit zunehmendem Nichtwissen
um so besser darüber philosophieren.
Wir sinnen beispielsweise, vierzig Jahre nachdem bei uns der Friede ausgebrochen ist, plötzlich die deutsche Frage,
ob wir nun befreit wurden
oder besiegt,
oder ob nicht doch wir gesiegt haben,
oder ob wir damals nicht uns besiegt haben,
oder ob wir uns gar gar nicht besiegt haben.
Und zwar heute uns von damals.
Kommen wir wieder?
Oder sind wir noch da?
Kann Krieg von uns aus wiederkommen
oder hat er überhaupt von uns aus
noch gar nicht geendet?
Das kommt darauf an,
ob wir noch mehr befreit werden können
und möchten.
Außerdem leiden wir darunter, daß Wiederho-

lungen nur dann nicht stattfinden, wenn man sie
genügend wiederholt. Das mag paradox klin-
gen,
aber es ist auf jeden Fall sehr deutsch.
Und es ist sehr menschlich.
Was sich nicht ausschließen muß.
Aber es kann.
Der Deutsche empfindet sich
in Fragen des Krieges
als manchmal zu menschlich.
Während die Menschen ihn
in Fragen des Deutschen
leicht für zu krieglich halten.

Und so kommt es,
daß beim deutschen Menschen,
solange er nicht ganzheitlich
mit Krieg beschäftigt ist,
Krieg wahrscheinlich
immer wiederkommen muß.
Die Beschäftigung mit Krieg
kann auch mal die Suche nach diesem
in der Vergangenheit sein.
Aber wenn das Interesse daran nachläßt,
ist es um eine friedvolle Gegenwart getan.
Wenn der Deutsche
an den Kriegen der Vergangenheit
oder der Zukunft
nichts mehr findet,
braucht er einen Krieg für das Diesseits,
damit er für die Zukunft wieder etwas hat,
was er in der Vergangenheit erforschen kann.
Und dagegen gibt es im Grunde nur ein sehr
deutsches Rezept des berühmten, noch nicht
ganz ehemaligen Bundeskanzlers Helmut
Kohl:
Einfach immer etwas zu spät geboren sein!

Nichts damit zu tun haben.
Damit man es machen kann.
Und unendlich weise dazu lächeln.
Das Wissen nicht preisgeben,
sondern das Wissen lächeln.
Dem nächsten Feind
seine Kenntnisse herlächeln.
Auf den geschlossenen Lippen
die alte deutsch-revolutionäre Lehre
des historischen Fatalismus tragen:
Wir können nichts machen.
Es geht alles vorbei.
Weil es ja wiederkommen muß,
Der Deutsche hängt an seiner
auch kriegerischen
Geschichte als Gegenwart.
Man denke an alte Deutsche
und damit immer noch
allgegenwärtige Deutsche
wie Filbinger
oder Waldheim,
der gewiß sehr deutsch ist.
Jedenfalls ist er noch da.
Und er lebt, wie Filbinger und die unendlich
Vergleichbaren, nicht nur im amerikanischen
Geschichtssegment in einer ›watch list‹.
In einer Tücke der Uhr:
Denn je weiter die Zeit in Deutschland voran-

schreitet, um so näher rückt die Vergangenheit
für die Verfolgten des Nachnaziregimes. Und ein
Filbinger bewegt sich ganz, als sei er schon Präsident von Österreich. Wartet er doch immer
noch auf eine Entschädigung für seine Gutma-
chung des Dritten Reiches.
Gerade Filbinger muß man
als möglicher deutscher Wiederholungstäter
gelesen haben.
Und in jedem Wiederholungstäter
steckt ein potentieller Deutscher.
Wer Filbinger nie gelesen hat – vor allem wenn
er von sich schreibt als einer geschmähten Dege-
neration – weiß ja gar nicht, was der deutsche
Filbinger von sich selbst nicht weiß:
Er war Widerständler,
aber er weiß es eben nicht mehr ganz genau.
Er war deutsch,
aber er kann sich nicht erinnern.
Er war dabei,
und innerlich doch so weit weg.
Er hat unterschrieben,
aber natürlich nur manuell.
Im Kopf ist er immer dagegen gewesen,
aber mit dem Kopf
konnte er schwerlich unterschreiben.
Das Fleisch war ihm willig,
aber der Geist war schwach.

Er war eben deutsch.

Und so fühlt er sich heute noch.

Er nimmt als Drittreichler für sich das Glück des Rechts in Anspruch, das Kohlische Rezept in die Praxis zu setzen, denn die Vergangenheit liegt ja für alle, die dem Reich der tausend Jahre aktiv entsprungen sind, im Pränatalen.

Eigentlich war die Erfindung der ›Stunde Null‹ mehr symbolisch gedacht, aber die Aktivisten des Deutschen Reiches Dritter Natur nahmen sie von Anbeginn nur wörtlich. Von Bildhaftigkeit war bald schon keine Rede mehr. Und also wurde willig übersehen, daß eine Stunde Null in der Geschichte, und schon gar in der deutschen, unmöglich ist. Weil mit einer Stunde Null die Wahrheit der Geschichte zur Glaubenssache erklärt wird. Die, die ihre eigene Geschichte geprägt hatten, empfingen plötzlich eine neue. Sie wurden im zarten Alter von dreißig oder vierzig Jahren auf einmal wieder geboren.

Und wie wir heute an Null-Nutznießern wie Filbinger und Waldheim erkennen müssen, war es mit einer Punktsetzung keineswegs getan.

Wurde diese Stunde doch zur Achse, an der sich je nach Wind- und politischen Wettereinflüssen die gesamte Geschichte beliebig drehen konnte.

Durch ein Null

konnte man jetzt die Vergangenheit

in die Zukunft verlegen,
und das Zukünftige
zur Geschichte erklären,
bevor es überhaupt begonnen hatte.
Heute,
da die Zukunft von damals
längst wieder vergangen ist,
taucht nun
die vormalige Vergangenheit wieder auf
als Gegenwert
für die nach dem Kriegsende
versäumte Gegenwart.
Und an die
kann sich ein deutscher Filbinger
natürlich nicht erinnern,
weil sie ja erst im Kommen ist.

Deswegen ist auch eine endlose Diskutiererei um die Wiedervereinigung des Deutschen und was sich an Deutschem noch so entwickelt hat, näher betrachtet recht überflüssig.
Denn erstens
liegt sie als Vergangenheit noch vor uns
und zweitens.
Die Wiedervereinigung zum Erzielen einer alten Heimatverwirklichung ist beim Deutschen mittlerweile als Tatsache entbehrlich geworden. Er sehnt sich in seiner Widersprüchlichkeit nach Zuständen, die er sich – wenn er sich dann in ihnen einrichten muß – bald wieder vom Halse wünscht. In Umkehrung dazu haben wir es heute geschafft,
uns als Deutsche
selbst dann noch
als von drüben vertrieben zu fühlen,
wenn wir als einzelne
seit Jahrtausenden hüben ansässig sind:
Das Beispiel ist relativ leicht zu führen,
aber unschwer zu beweisen:
Man fragt sich doch heute nach fünfundvierzig

Jahren – ohne im geringsten dem Sinn der Heimat zu nahetreten zu wollen, ist sie beim Deutschen ohnehin nicht mehr ortsgebunden, sondern nur noch aufgehoben in seinen Sehnsüchten – man fragt sich also, was ist heute zum Beispiel ein – und es ist nun wirklich nur als beliebiges Beispiel gedacht – was also ist heutzutage ein – zum Beispiel – Schlesier?

Nun, ein Schlesier
ist heute sicher kein Schlesier,
wie ein Bayer ein Bayer ist,
oder ein Frankfurter ein Frankfurter,
oder ein Hamburger ein Hamburger.

Die Angelegenheit erschwert sich schon dadurch, daß Schlesier in unterschiedlichen Abstufungen existieren:

Es gibt natürlich den Schlesier von Geburt, der naturgemäß allmählich schwindet. Auch ihm ist ein mehr als hundertjähriges Leben in dieser Welt nicht beschieden.

Jedoch können, vielleicht gerade deshalb, dessen Kinder den Status von ihm erben, den seine Erlebnisse mit sich bringen und sich als Erlebnisschlesier bezeichnen. Doch selbst wenn ein unschlesischer Deutscher nichts der Art von seinen Vorderen zu erben hat, kann er sich zu dem bekennen, was seine Väter nicht mit sich brachten, und ist also heute Bekenntnisschlesier, ohne

jemals im schwangeren oder geborenen Zustand
den Fuß in seine Wahlheimat gesetzt zu haben.
Und hier fängt das Deutsche an,
weil es so doppelt ist:
Jeder Deutsche hat das Recht,
Vertriebener zu werden,
ohne vertrieben zu sein,
bloß weil er eine Erkenntnis vertreibt,
die sagt, daß auch eine Wahlheimat, oder eine
verlorene Heimat, oder eine geschichtliche respektive eine vergangene Heimat seine Zukunft
sei.
Er weiß,
daß dieser Wunsch
sich nur mit Gewalt realisieren ließe
und spricht sich doch von Anfang an
für Gewaltlosigkeit aus.
Er ahnt,
daß hier Kämpfe nötig wären,
und schreibt sich doch
die Illusion der Versöhnung ins Motto.
Denn wie wollte er heute Polen reinwaschen,
um es zu schlesisieren?
Polen ließe sich nur
mit Vertreibung und Gewalt zurückführen.
Wer gäbe freiwillig her,
was der andere unfreiwillig geben mußte?
Was die Geschichte vollzogen hat,

läßt sich mit Versöhnung nicht zurückholen.
Wer könnte Atlantis wieder an Land ziehen?
Wer Karthago wieder verrichten?
Dort ist die Geschichte ins Wasser gefallen
und hier ist sie dem Erdboden gleichgemacht.
Geschichte ist das, was gewesen ist.
Wer fordert da noch, die Mauer müsse weg?
Wer redet da von welcher Wiedervereinigung?
Kann man vereint wirklich deutscher sein,
als wir dem Deutschtum
in einer Spaltung und Doppelheit
Ausdruck geben?
Wo hörte denn die Wiedervereinigung auf?
Und wo finge dann das Deutsche wieder an?
Das Deutsche
ist auch politisch immer gespalten:
Nach der Verfassung ist die Einheit Gebot, je-
doch setzt sich nach der Praxis ausschließlich
das durch, was nachweislich einheitsfeindlich
ist:
NATO, Bundeswehr, Europa.
Mit diesen Deutschmen
wird der Deutsche
auf eine Scheinwelt festgenagelt.
Weil er
mit Idealvorstellungen und Wünschen
besser bei der Wahrheit zu halten ist.
Und diese Wahrheit ist eben, daß jeder einzelne

als Deutscher in seinem deutschen Land die beste Blockstütze darstellt. Jeder Deutsche ist in West und Ost eine tragende Säule, der Halt, der Primus. Wehe, man legt beide Deutschländer zusammen! Das hieße, zwei Primusse in einer Klasse zu dulden:
den Hahnenkampf würde einer nicht überleben.
Oder nicht einer.
Es kann nicht gutgehen.
Die Deutschen
sind in beiden Teilen zu klassenbest geworden;
mit einem Wort: zu deutsch.
Die wahre Kraft des Deutschen
liegt in der Nichtvollendung,
in der Illusion.
Für eine Einheit
sind beide deutschen Teile viel zu unvollendet.
Wenn dann schon ein Vereinen nötig würde als Faktum zum Aufbau weiterer Luftschlösser, müßte man es sich in der Zwischenzeit auf ganz anderer Ebene vorstellen:
Es hat in seiner Amtszeit Präsident Reagan immer wieder ausgerufen, daß die Mauer verschwinden müsse. Aber auch die Ostdeutschen fielen mit ein in diesen Ruf, und zwar die ostdeutsche Bevölkerung. Während die ostdeutsche Leitung in Form von Herrn Honecker dagegenhielt, Reagan müsse verschwinden, was

auch das westdeutsche Volk stets bekräftigte.
Und wer nicht willig war, diese Zusammen-
hänge anzuerkennen, für den bedurfte es nur einer Staatsgewalt, die gegen ihr jeweiliges Volk
anrannte:
Ob Startbahn West oder Hausbesetzer,
Bowie-Konzert oder Mauerabbau –
es sind die gleichen deutschen Bilder.
Wir haben nicht unbedingt
hüben und drüben viel gemeinsam,
nein, wir haben jeweils oben und unten einiges,
was uns verbindet.
Und wenn eine Einheit denkbar würde,
dann zuerst einmal
per Umsiedlungen unter
ausdrücklicher
Beibehaltung der Mauer,
auf daß drüben
beide deutschen Staaten vereinigt werden
und hüben
beide deutschen Völker belassen sind.
Zumal diese Form der Wiedervereinigung zu-
mindest der deutschen Staaten im Westen schon
eine Probe hinter sich gebracht hat:

Die Bundesregierung geht inzwischen endgültig
davon aus, daß sich der staatliche Honecker in
Westdeutschland aufgehalten hat. Und zwar
Anfang September 1987.

Und er muß hier sehr deutsch gewesen sein:
Bei Salut, rotem Teppich und eigner Hymne will
man ihn regelrecht auftauen gesehen haben,
und man konnte schließen, wie wenig Hilfsmittel notwendig sind, um ein staatliches Selbstbewußtsein zu heben.
Obwohl er
– auch das ganz deutsch –
gerade dies nicht wahrhaben wollte.
Im Abstreiten anderer Wahrheiten
gab er sich besonders deutschzügig.
Worin er sich von uns Westdeutschen in seinem
Deutschsein unterscheidet, ergibt sich erst,
wenn man ihn im eigenen Land näher betrachtet: Dort erfährt man, daß natürlich zwischen
den Deutschen etliche Welten liegen.
Und vor allem viel Glück.
Denn das ist das Undeutsche am anderen
Deutschland, daß man alle gleichermaßen selig
zu machen wünscht. Man will dort offensichtlich aus rein idealistischen und ideologischen
Gründen die Wahrheit der vor dem Kapitalismus kapitulierten und in ihn katapultierten
Westdeutschen nicht begreifen, daß das deutsche Glück nur aus der Ungleichheit entspringen kann.
Was hat der Deutsche im Westen davon,
wenn alle das gleiche Glück haben?

Das ist das,
was in Ostberlin nie verstanden wurde:
Das Menschliche am Glück.
Daß eine Bedarfslosigkeit nur entstehen kann
aus einer Fülle des Besitzes
und dem Sehnen des anderen nach diesem.
Deswegen gaben sich viele Westdeutsche auch
so selig, als Herr Honecker endlich wieder un-
verrichteterdinge an Ort und Stelle war. Und das
ohne Einheit. Wir brauchen keine Einheit, denn
wir haben's ja. Nicht die Einheit. Wir haben es.
Wir haben's ja. Wie gesagt. Zu teilen würde unser Glück nur schmälern, solange die es dort
noch brauchen.
Und so blieb von dieser Probe nur der Wunsch
übrig und das Glück und die Zerstreuung in Ge-
dankenfetzen, wie schön was wäre, wenn. Und
alle Deutschen hingen den beiden deutschen
Fahnen nach, die der Wind manchmal gnädig so
zusammenschlug, daß Hammer und Zirkel auf
der einen nicht mehr sichtbar waren und jeder
sich fragte beim Besuch des Staatsratsvorsitzen-
den:
Wen empfängt eigentlich Deutschland?
Kommt denn nie einer an?

Diese Zweifel rühren auch daher, daß wir unsere vergangenen und gegenwärtigen Zeiten so beliebig festlegen.

Die Vorstellung ist uns Deutschen dringlicher als jedwede Wirklichkeit.

Dieser Mechanismus verbindet uns zwar andererseits wieder mit unserer Heimat Amerika, aus der wir uns nicht vertreiben lassen – um nochmals an dieser Vereinigung anzuknüpfen –, nur sind die Amerikaner schon Entwicklungen weiter. Man steht im Amerikanischen in Form einer Unernsthaftigkeit über sich, wie wir es nur vermissen können. Die Amerikaner laufen ständig sich betrachtend, geradezu objektiv, durch ihre eigenen Vorstellungen, durch ihre persönliche Ausstellung. Man akzeptiert, daß die Vorstellung stärker ist als alle mögliche Wirklichkeit. Daß das freie Land nirgends realer existiert als in der Imagination.

Die Vorstellung von einer amerikanischen Grundüberzeugung ist die,

daß der Staat

Eingriffe in die Lebensführung

der einzelnen
auf ein Mindestmaß begrenzen muß.
Diese Klarheit und Vereinfachung in der Tren-
nung von staatlicher und persönlicher Tatsäch-
lichkeit beim Wissen um die Daseinsberechti-
gung von Traum und Trauma ist dem Deutschen
viel zu geradlinig.
Und vor allem zu brutal.
Der Amerikaner ist weitgehend auf sich gestellt
und hat gar kein Recht, Ansprüche zu erheben.
Hier läßt man den Deutschen in der Gemeinschaft allein.
Über der Beschäftigung mit allen Verschrägun-
gen der Wirklichkeiten merkt er es jedoch erst,
wenn man sich schon wieder um ihn kümmert.
Dann muß er aber bereits durch den doppelten
Boden gerutscht sein. Solange noch ein soziales
Netz gespannt ist, hat er selber zu sehen, wie er
beim Sturz möglichst nicht darin landet.
Denn wer bei uns in Staates Hände kommt,
muß erst beweisen,
daß er auch auf eigenem Kopfe stehen kann.
Daß er sein Leben
nach dem Wesen richten will.
Denn in Deutschland
besteht das Leben aus Wesen:
Gesundheitswesen,

Rentenwesen,
Sozialwesen,
Versicherungswesen,
Wesenslos.

Und jedes Leben dient diesen Wesen.
Zum Beispiel, um einen Anfang zu machen,
mit Krankheiten.
Das Gesundheitswesen
ist bei uns vor allem ein Krankenstand.
Weil wir uns Gesundheit gar nicht mehr
leisten können:
Eine heile Nordsee ist nicht denkbar wegen der
Arbeitsplätze der verklappten Industrie. Eine
Beseitigung des Ozonlochs ist ausgeschlossen,
weil es ganzen Generationen die Arbeit in den
Spraydosen wegradieren würde. Der Wald kann
nicht gesunden, denn wer gäbe dann noch den
Ungezählten in Schloten und Auspuffen Schrot
und Brot?
Der Arbeitsplatz
ist zum Hinderungsgrund geworden
für Leben und für den Tod:
Wer gesund lebt,
riskiert ihn ebenso, wie der,
der stirbt.
Der deutsche Mensch
reicht bekanntermaßen
nicht zum Leben und nicht zum Sterben.

Ihm langt die Pflicht.

Und wir haben in Deutschland Rezeptpflicht.

Was viele sehr wörtlich auslegen, wenn sie meinen, sie dürften ohne eines gar nicht mehr angetroffen werden oder die Arztpraxis verlassen.

Sozialstaat ist so für viele bei uns

kein Aspekt mehr,

sondern zum Prospekt geworden,

aus dem man per Vorkasse auszuwählen hat.

Denn wem geschähe es hier nicht, daß er den Arzt aufsucht und besonders entrüstet ist, wenn er an Krankheiten nichts nachgewiesen bekommt. Wer seine Kasse in Deutschland bezahlt, dem muß sie sich auch bezahlt machen.

Wer schenkt denn der Kasse eine Krankheit, wenn er schon die Beiträge

vom Lohn abgezogen bekommen hat?

Das Demokratieverständnis

geht bei uns dahin,

daß wir auch dann meinen,

die Allgemeinheit benutzen zu sollen,

wenn wir sie einmal nicht brauchen.

Wenngleich hierin gewisse Ermüdungserscheinungen zu registrieren sind, was eine Gefahr wiederum nahelegt an weißer Stelle:

Denn im laufenden Jahr
wurde der Ärzteschaft
in der Bundesrepublik Deutschland
vorgeworfen,
den Krankenkassen
in reibacherischer
und überarbeitsplatzerhaltender Absicht
bezüglich Behandlungen und Visitationen,
Maßnahmen und Operationen
Abrechnungen
in nicht nur nicht genannter und schwindelnder
Höhe und Anzahl vorgelegt zu haben, sondern
auch für gar nicht existierende Tage wie den
30. Februar oder den 31. April oder den
35. November.
Bei der Untersuchung der Fälle jedoch
äußerte sich andererseits eine
– von amtlicher Seite sogenannte gewisse –
Überbeanspruchung des ärztlichen Personals
dergestalt,
daß an diesen Tagen
tatsächlich operiert worden ist.

Die Realitäten dieser Fälle sind in der Verschiebung der Wirklichkeiten zu finden, in denen man meint, daß der Staat uns noch was schuldig sei.

Man muß sich helfen lassen,
und wer sich helfen lassen muß,
hat oft Pech gehabt.
Damit sind wir bei einem anderen Wesen,
und zwar dem der Arbeit.
Und was heißt da im Rahmen der Verluste der Arbeitsplätze Solidarität mit den Verlorenen? Solidarität wäre Zusammengehörigkeitsgefühl! Gefühl! Das hat jeder sicher gerne mit jedem Arbeitslosen. Aber muß immer alles gleich am Geld hängen?

Deswegen lief ja auch das Deutsche Amok gegen Oskar Lafontaine und seine undeutschen und sozialvorstellungshalber untypischen Vorschläge, weil er in der Meinung der breiten sozialen Öffentlichkeit offensichtlich nicht verstanden hat, daß das Soziale aufhört, wenn wir etwas nicht mehr unternehmen dürfen, um andere zu schädigen, sondern bewerkstelligen müssen, um denselben zu helfen.

Sozialverhalten ist für viele Deutsche
im Zeitalter sozialer Absicherung,
die bedeutet,
daß sie irgendwo sicher aufgehoben ist,
eine antrainierte, erworbene Immunschwäche.
Der deutsche Mensch
zeigt nur dann Charakter,
wenn er etwas davon hat.
Wer arbeitet denn weniger,
wenn er nicht daran verdient?
Im Gegenteil:
Er schafft heimlich mehr, damit die eventuellen
fünf Prozent, denen er offiziell durch seine Ein-
schränkung eine Arbeit verschafft hat, untätig
rumsitzen müssen für seinen Lohnausgleich.
Nur um unter dem Deckmantel des Helfens zu
schädigen.
Wir sind zu Schädigern entwickelt worden.
Wir haben das Soziale
als tierische Eigenschaft anerkannt.
Wir empfinden uns für das Soziale
als zu menschlich.
Im Augenblick,
da der Deutsche
zum Sozialwesen geworden war,
hatte er sich gleichzeitig infiziert
mit den Keimen des Sozialfalls.
Nun gehen diese Keime allmählich auf,

und damit wird geldlich
weder das Wesen
noch der Fall
überlebensfähig.
Und in Bälde wird auch vom saarländischen Ministerpräsidenten übrigbleiben, was immer vom
sozialen Menschen übrigbleibt:
Worte!
Wenn der Staat stirbt als Sozialstaat,
begräbt man eigenartigerweise
stets seine Bewohner
mit Nationalworten und Staatsbegräbnissen,
nachdem man alle Lebensthemen
zu staatlichen Themen gemacht hat.

Wo fänden wir bundesländerweit und -breit noch eine Existenzberechtigung, die noch nicht gesetzlich ausgelegt oder paragrafiert wäre?
Wir brauchen das Gesetz
und das Gesetz zum Gesetz
wie das Brot
und die Kruste zum Brot,
an der wir uns die Zähne ausbeißen können.
Wenn wir uns nicht die Zähne ausbeißen,
haben wir Angst,
sie könnten uns ausfallen.
Es ist eine Sicherheitsfrage.
Wir wollen das Leben
und das Dasein anderer
habhaft machen können.
Deshalb sind ja auch die sogenannten Sicherheitsgesetze aus dem Innenministeriumswesen gleich im ganzen Pack verabschiedet worden, nicht nur, weil sie damit billiger geworden wären, sondern weil in jedem Bundesbürger jeweils ganz verschiedene Unsicherheiten lauern, denen man mit vielen Handhabungen beizukommen hat.

Und so nimmt das, was sich bei uns Regierung nennen darf, von dem, der grade nie regiert, was meistens die Mehrheit bildet, stets das Schlechteste an. Jeder ist als solcher zuerst einmal im Verdacht, aus dem er sich nur zu befreien vermag, wenn er eine Tat zugibt. Auch hier helfen Beispiele mehr als alle Maßnahmen:

Die Regierungsarbeit stellt beispielsweise bei gegebenem Fall fest, aus welcher Ecke ein vermeintlicher Terrorist einen vermeintlichen Terroristen angerufen hat. Im Umkreis des Woher und Wohin werden nun alle Unbetroffenen gespeichert in einer gesetzlichen Kartei und Datei, in der sie nur dann das Glück haben, wieder gelöscht zu werden, wenn sie die Täter sind. Die übrigen bleiben so lange zum Abgleich vorbehalten, bis auch in ihnen einmal etwas enttarnt ist, was mit Terror zu tun haben könnte. Es handelt sich hier um das beliebt gewordene Spiel mit den Gewalten um die aktuelle Frage:

Was hat wohl ein freiheitlicher Rechtsstaat in einer bundesrepublikanischen Demokratie zu suchen?

Ein Spiel,
bei dem noch lange nicht genug gewonnen ist. Und so wird nach der Aufhebung der Informationspflicht zwischen Polizei und Geheimdienst

sicher auch in absehbarer Zeit eine Aufhebung denkbar werden zwischen – zum Beispiel – Legislative und Exekutive, denn wer denkt nicht, wenn er sich Bonn anschaut, heute schon daran, daß es sich um einen Ausnahmezustand handeln könnte. Einen Ausnahmezustand der Demokratie, denn wer übt sie im Ernst noch überzeugt aus mit all ihren ungeahnten Denkbarkeiten, wenn er weiß, daß er dabei datiert wird.
Gut, es gibt Fälle…
Vermummung, zum Beispiel,
sei der Versuch,
an etwas unkenntlich beteiligt zu sein,
was im Ziel nicht friedlich ist.
Aber kann man andererseits
dem Staat noch sein Gesicht zeigen?
Oder wäre nicht wirklich
nur die Stirne angebrachter?
Nutzt die Regierung die Kraft des Terrors in der richtigen Weise, um gegen das Volk zurückzuschießen. Oder sind manche an der Spitze nicht noch zu sehr Mispelzweige in den Ästen der Gewalt, statt sich zu einer handfesten Metastase des Terrors auszuweiten?
Jeder,
der sich nicht ohne Gesicht hinstellt
und keine Meinung sagt,
sei ursächlich Staatsfeind.

Und:
Frankfurt, Hamburg, Kiel
seien nur entstanden
durch die Freiheit der Meinung
und die Möglichkeit zur Wahl.
Gäbe es keine Demonstrationen,
wer könnte da noch leben?
Gäbe es keine freien Wahlen,
würde Barschel doch heute noch leben.
Demokratie ist der Tod ihrer Hüter.
Und hier ist endlich Gewalt angesagt:
Die Hamburger Hafenstraße hätte man schon
vor sechs Jahren räumen können, da die Gesetze
ja geschrieben waren. Man bekommt als gewalt-
tätiger Bürger den unbedingten Eindruck, daß
der Staat seinen Bürgerpflichten selbst nicht
mehr nachkommt.
Wer wünschte sich nicht mehr Gewalt
gegen das,
was mit diesem Staat nichts zu tun hat?
Wer brüllte nicht mit,
daß man das Grundgesetz
getrost zur Unkenntlichkeit
vermummen könnte?
Denn wer übt es noch aus?
Wenn alle Paragraphen darin
aufgeschwemmt sind
mit Zusatzgesetzen,

die das Nähere klären?

Wenn politisch Verfolgte nur noch in den Reihen der Politiker gesucht werden, denen dann das Asyl vorbehalten bleibt?

Wenn der Bürger vor lauter Meldepflicht nichts mehr zu melden hat?

Und wenn man alle Demonstrationen unterbindet, indem man am liebsten insbesondere alle Unbeteiligten verwahrt zu ihrem persönlichen Schutz vor Demonstrierenden und die Beteiligten dazu, da man nie wissen könne, wer Bürger sei oder Demonstrant oder demonstrierender Bürger oder sogar bürgerlicher Demonstrant, und weil wir Deutschen immer noch weiter gekommen sind im Leben, wenn wir Ruhe und Ordnung hergestellt haben, statt jeden seine eigene Meinung frei äußern zu lassen?

Eine Meinung,

wie gemeint,

soll ja jeder haben.

Aber er braucht sie nicht gleich frei zu äußern.

Wir sind an einem Punkt angelangt,

an dem die deutsche Demokratie

allmählich auf ihre Bürger verzichten kann.

Und in diesem Sinne wird sicher auch bald das Postgeheimnis zur Auslösung anstehen; Tonbänder könnte man sich schon lange als Beweismaterial vor Gericht vorstellen; der Wohnraum müßte längst verletzlich geworden sein... Die Kette rechtsstaatlicher Vorzüge, die abbaubar sind, ist unvorstellbar groß, und sie wird mit jedem Tag und jeder Initiative von Gesetz wegen handlicher.

Ein Sibirien müßte vielleicht bald geschaffen werden, denn die Zeit, da die Sacharows sich mehren in diesem Lande, naht mit demonstrativen Schritten, während sie in Sibirien schon wieder frei sind.

Es handelt sich da um einen Vorgang,
der unser ganzes Denken über Feind und
über den Feind Rußland zur Abrüstung zwingt.
Und das ist für den Deutschen sicher schwerwie-
gender und umständlicher zu bewerkstelligen,
als alle Lebensveränderungen in der Sowjet-
union zusammen genommen. Noch wehrt er
sich dagegen,
der Deutsche.
Er wünscht sich sehnlichst,
er könne wieder
irgendein Manöver dahinter sehen.
Einen Grund wird es doch geben,
den man gegen Gorbatschow vorbringen könne.
Dieser wird sicher bloß ablenken wollen. Er mag
nur etwas verdecken mit ein paar albernen Vor-
schlägen, die schon deswegen zum Scheitern
verurteilt sind, weil nicht wir sie gemacht haben.
Für den Westen wird unerträglich,
daß ein Gehaßter auf unsere Demokratie setzt.
Daß ein Feindbild sich fremde Dogmen
und politische Überzeugungen aneignet.

Wir wollen schließlich auch nichts wissen
von dessen Kommunismus.

Wie kommt einer
wie der Generalsekretär nur dazu,
so sein zu wollen,
wie wir sein wollen?

Jahrzehnte haben wir mühsam an Illusionen
und Selbstbetrug gebastelt, weil wir wissen und
ahnen, wohin Demokratie letztlich führen
kann:

Meinungsfreiheit!

In der Meinungsdiktatur einer Bild-Zeitung si-
chern sich die Abhängigen der Droge Meinung
ihre Suchtmittel am Kiosk!

Politische Häftlinge läßt Gorbatschow frei!

Wir Deutschen fassen es nicht, daß er meint, sie
hielten in Freiheit dann den Mund.

Er gewährt Filmfreiheit!

Und wir wären so froh, wenn wir nicht jeden
Schund ansehen müßten...

Um die demokratischen Rechte am Ende einzu-
schränken, kann man natürlich auch den Um-
weg über die Demokratie wählen. Nur ist der ungleich länger: Wir begehen ihn schon seit vierzig
Jahren und können erst jetzt schemenhaft ein
Ziel erkennen.

Wenn Gorbatschow äußert, Rußland erhebe keinen Anspruch mehr auf absolute Wahrheit, löst er bei uns nur eine gewaltig zu unterdrückende, leise Wehmut aus: solcherart Thesen haben wir Deutsche zuletzt bei einem Mann namens Luther kennengelernt!

Es mutet uns herb an,
ein ganzes Land und seine Führung
so sehr in unser Verderben rennen zu sehen.
Denn was wird es ihnen schon bringen?
Wenngleich das alles als Revolte
weit mehr Chancen hat,
weil sie
von oben
kommt.
Das wieder ist genauso wie im Deutschen
und das begründet dann auch
das Mißtrauen unsererseits,
das wir als Selbsthaß und Eigenzweifel
den neuen Russen entgegenbringen.
Erneuerung kennen auch wir nur
von oben kommend,
und im russischen Fall
kommt sie uns einfach zu geheuer vor:
Niemals entschied in der kurzen bundesdeutschen Geschichte eine Wahl, Ausdruck des Veränderungswunsches von unten, über einen Wechsel der Machthabenden. Das einzige Mal,

wo Ähnliches stattfand, war im Mai 1988: es handelte sich um die Landtagswahl in Kiel und Umgebung. Aber zugegebenermaßen kann sich nicht jedesmal ein Politiker vorher umbringen, nur damit ein Wechsel von unten her ermöglicht wird. Damit funktioniert in Deutschland eine Revolte von unten so gut wie nie.

Was blieb wohl von 1968?
Der Staat seinerseits hätte niemals die Aufgestandenen von sich aus zu revolutionieren versucht, und doch sind die meisten Umgestürzten heute Beamte bei ihm, statt daß es umgekehrt der Fall wäre. Wer hier die Gesellschaft verrät, ist am Ende der, der in ihr umkommt.
Das einzige,
was als Lernziel von 1968 übriggeblieben ist,
ist die Gewöhnung.
Im betretendsten Sinn.
Wer geht heute noch in Deutschland
für einen Krieg
außer Haus?
Wer schmiedet noch Barrikaden
für die Schwachen?
Und wer entzündet Ideale
für die unbewegten Bedürftigen?
Revolution bringt nichts in Deutschland.
Weil sie dem Deutschen zu umstürzlerisch ist.
Eine Revolte,
die aus den Wurzeln ihrer Bürger kommt,
endet bei uns im Wohnzimmer.

Und weil dort 1968 der Deutsche im Durch-
schnitt zu gut lebte, konnte dieses Jahr nur
schiefgehen. Später konnte 1968 schon gar nicht
mehr gutgehen, weil dann alle Achtundsechzi-
ger leben sollten. Sie sollten offenbar gar nicht
schlecht leben.
Und da haben wir wieder die Doppelheit
im deutschen Sein:
Wir lieben durchaus
unsere Dichter und Dutschkes.
Und wir berufen uns auch auf sie.
Solange sie tot sind.
Doch wehe,
sie erstehen wieder auf!
So sind wir glatt in der Lage,
sie zu erschlagen,
weil es sein könnte,
daß sie sich auf uns berufen,
daß wir uns berufen haben.
Und der Deutsche will nie berufen sein.
Also bleibt von einer Revolution
in Deutschland
nur immer der Staat übrig.
Und von 1968 bleibt uns eine Jahreszahl,
weil wir es gerne so einrichten,
daß die Ideale der Jugend
gerade noch
zu den Ausschmückungen des Alters gereichen.

Wie sehr wir Veränderungen nur von oben in Kauf nehmen, und nur durch Anordnungen und Gesetze, die wir als höhere Gewalt einstufen, gegen die man sich bekanntlich nicht einmal versichern kann, das ist wohl am einleuchtendsten aufzuschlüsseln an des Deutschen erotisierendstem Kind,
dem Automobil:
Erst, zum Beispiel, nach dem Gesetz mit Bußpflicht wird allgemein geschnallt, daß Gurte wichtig sind, weil man sonst dafür bezahlen muß. Nicht mit Leben oder mit Gesundheit, nein, mit vierzig Mark. Man hat zwar lange unentgeltlich versucht, das Volk teuer aufzuklären, aber es nützt das Zureden nichts.
Man muß beim Deutschen zurechten.

Das Ausland geht ja in seiner Klischeebildung davon aus, daß der Deutsche entsetzlich ordnungsliebend wäre, was absolut nicht den Gegebenheiten entspricht:
Wir sind ureigentlich maßlos chaotisch.
Wir werden nur mühsam zusammengehalten durch eine Flut von bündelnden Gesetzen.

In England zum Beispiel stehen die Bürger an der Bushaltestelle einer hinter dem anderen in der Warteschlange. Und das völlig gesetzlos. Das könnte uns nie passieren. Wer bei uns im Bus sitzt, braucht keine Warteschlange. Und selbst wenn wir für derlei Mätzchen auch noch ein Gesetz beibrächten, wir fänden schnell einen Trick, um aus der Schlange auszuscheren. Wir würden sie bilden, aber nicht in der Reihenfolge des Erscheinens, sondern wir würden uns Verhandlungspositionen und Argumentationsketten einfallen lassen, aus denen unklar hervorginge, wer nach welchem Status und welcher Beziehung den ersten Platz einnehmen dürfe, auch wenn er als letzter gekommen wäre.

Wir brauchen einen Halt,

aus dem wir ausscheren können.

Wer kennt nicht den Genuß, nicht im Gurt zu liegen und nicht dabei erwischt zu werden? Das ist das Hohegefühl, das uns als Volk beweist, daß wir noch genügend Demokratie zur Verfügung haben, um uns nicht schnappen zu lassen.

Und erst das Vergnügen, das sich einstellt, von Staats wegen erwischt zu werden, und angeschnallt zu sein! Diese Häme ist unbezahlbar, und wird vorwiegend deshalb als Sport betrieben, weil man damit immenses Strafgeld spart. Es soll schon solche geben, die sich ohne Füh-

rerschein nur deswegen ein Auto zugelegt haben, um sich alle Stunde hineinzusetzen und
sich anzuschnallen, nachdem sie die Polizei her-
beigerufen haben, um dann vierzig Mark zu spa-
ren. Denn die Zeiten, in denen die, die durch Ei-
genverschuldung als Verunglückte zu pflegen
waren von den Geldern, die die unverschuldete
Gemeinschaft aufbringen mußte, sollen endlich
vorbei sein.
Sozial heißt:
Es kommt dafür auf, wer was braucht.
Es wird sicher bald für jede Zigarette ein Buß-
geld eingeführt, da sie der Gesundheit zuschul-
den kommen kann; für jeden Schnaps auch; für
jeden Vielfraß ebenso. Menschen, die ihre
Schnürsenkel nicht gebunden haben, bekommen an diesen einen Strafzettel geheftet, denn
Stolpern kann gefährlich sein. Bis man am Ende
über das, was man in Deutschland nicht darf, so-
viel kassieren kann, daß die üblichen Steuern
gar nicht mehr erheblich sind.
Wer keine Ordnung hält,
soll zahlen.
Und da bekommt man bei den Deutschen
viel in den Säckel.

Das war beim Thema ›bleifrei‹ nicht anders, bei dem sich auch keiner mit Freiwilligkeit unterkriegen ließ.

Und für ein ›Tempo 100‹ gibt es heute noch keinen hinreichenden Grund. Sogar der deutsche Bundesaltkanzler Helmut Schmidt sprach sich zwar für eine gesetzliche Bestimmung aus, die die Schnellebigkeit auf deutschen Straßen auf einhundert beschränkt, doch nach eigener Aussage wollte er, solange dies nicht der Fall war, auf bis zu einhundertsiebzig Sachen beschleunigen.

Wenn etwas interessant ist am Deutschen,
ist es die nicht faßbare Regelungshörigkeit,
der jedesmal ungeheure Proteste vorausgehen.
Ist die Angelegenheit
erst einmal festgeschrieben,
will der Deutsche
von seinen Protesten
nur noch herzlich wenig wissen.
Gegen ›Tempo 100‹ findet er bis jetzt noch alle möglichen Argumente. Es ist ja noch nicht Gesetz:

Der saure Regen gilt ihm nichts hierbei, denn bei Regen würde ja ohnedies nicht so schnell gefahren. Außerdem gäbe es auf deutschen Autobahnen heute schon mehr Schilder, die die Geschwindigkeit auf hundertzwanzig Stundenkilometer beschränken, als es überhaupt Streckenkilometer gibt. Bei einer allgemeinen Beschränkung auf einhundert Stundenkilometer wären dann ja plötzlich all die Hundertzwanzig-Kilometer-Beschränkungsschilder gewissermaßen Erlaubnisschilder, mit denen man dann mehr als hundert fährt, als daß man weniger fahren würde als hundertzwanzig. Als ohne Gesetz...
Versteht das keiner?

Es naht, mit anderen Worten, der Zeitpunkt, an dem wir uns mit unseren eigenen Beschränkungen austricksen. Irgendwann werden wir mit unseren Wagen von Schild zu Schild hüpfen, um dort jedesmal vor Weiterfahrt im Straßenduden nachzuschlagen, was das nun heißen könnte, wenn es jenes nicht heißen würde.

Hier sieht man unsere Demokratie
auf den Punkt gebracht:

Man regelt viel und kann frei nachlesen, was geregelt ist, was in einer Diktatur unlesbar von vornherein nicht erlaubt wird. Deswegen sind demokratische Regierungen vorwiegend Reglementierungen, die nicht berücksichtigen, daß es Menschen sind, die man regelt.

Und in diesem Fall sogar deutsche Menschen.
Und die fahren nur langsamer,
wenn sie es spürbar einsehen können.
Wer mit hundertfünfzig Sachen an einem Wald vorbeifährt, in dem nicht augenblicklich die Bäume umfallen, der geht mit seiner Geschwindigkeit nicht herunter auf einhundert. Der Deutsche muß es einsehen können.
Und einsehen heißt bei uns
sehen im wahrsten Wortsinn.
Wir müssen etwas zu gucken haben:
Wenn wir auf der Gegenfahrbahn nicht pausenlos mit Unfällen durch Schnellfahren beeindruckt werden, senkt sich bei uns nichts auf dem Tachometer. Steigern wir die Zahl der Unfälle zur Anschaulichkeit, dann mögen wir uns vielleicht die Gesetze ersparen können!
Vielleicht.
Denn es kommt erschwerend hinzu,
daß das Auto des Deutschen Himmelreich ist,
mit dem er gern zur Hölle fährt.
Man mag entsetzt darüber lächeln, aber in Friedenszeiten ist es für die Reinemacherei unserer Psyche geradezu geboten, ermöglichende Maschinerien auch für alle möglichen Zwecke einzusetzen: Früher, in vormobiler Zeit, war der persönliche Erfolg ja noch gewährleistet, wie zum Beispiel im Nahkampf. Deshalb werden

Kriege auch immer überflüssiger. Denn der Mensch gilt nichts mehr. Im Straßenverkehr gilt der Mensch auch nichts mehr, aber dort gilt er persönlich nichts.
Nicht als Nichts nichts,
sondern als Mensch nichts.
Dort ist er im Gegensatz zu großen Kriegen nicht anonym. Im Haß der Autofahrer unter sich vermittelt sich noch eine persönliche Überzeugung.
Der deutsche Mensch wächst am Abstoßen.
Er muß sich an allem und jedem abstoßen.
Und wenn er dann richtig abstoßend erscheint, ist er auch brauchbar für den Krieg Verkehr.
Viele leisten ihren Wehrdienst
auf der Straße ab.
Sie dienen dem Staat als Synapse auf der Synapse... Das ist eine Frage der Nerven und des Zentrums. Synapse ist die Strecke, auf der Nerven und Genervte eine Erregungsübertragung haben. Zum Beispiel Wut. Manchmal sind wir selbst nur noch Synapsen: Die Strecke von einer Wut zur anderen legt sich in uns selbst zurück.
Und außerdem
spielt sich das deutsche Roulette
viel treffsicherer
als das russische.
Also fährt das deutsche Volk Amor:
Wir lieben unser Auto.

Schnell.

Der Deutsche ist prinzipiell schnell.

Freie Fahrt

ist ihm ein verfassungsmäßig garantiertes Recht auf Entfesselung. Der Deutsche will immer entfesselt schnell sein. Oder er möchte es schnell entfesselt haben. Auf jeden Fall will er schnell da sein.

Aber auch dann, wenn wir schnell da gewesen sind, wollen wir ja schnell da bleiben. Das versteht sprachlich kein anderer Mensch, aber der Deutsche ist auch schnell, wenn er auf der Stelle tritt.

Diese Eiligkeit im Sitzenbleiben kennen wir von ganz bekannten Deutschen, wie zum Beispiel dem einen, von dem uns gerne der Name nicht einfällt.

Wir sind die Nation,

die am schnellsten auf Gesetze wartet:

Auch die Volkszählung
funktionierte erst auf ein Gesetz hin.
Mit dem natürlich
– überflüssig zu sagen –
eine Geldbuße verbunden war!
Daraufhin mußten wir alle
den Fragebogen ausfüllen dürfen.
Wir füllen vielleicht jetzt nicht mehr
den Staat aus,
aber die Fragebögen allemal.
Es zählt alles,
bis auf das Volk.
Denn der Staat hat erkannt,
daß alle Gefahr vom Bürger ausgeht.
Und er vermummt ihn
mit immer neuen Gesetzen.
Schon weil die, die demokratisch gesinnt sind,
nicht über Demokratie urteilen können. Wer
würde schon einen Verbrecher zum Richter über
sich machen, obwohl er doch das Verbrechen am
umfangreichsten begutachten könnte.
Wir sind als Bürger
immer die Angeklagten in diesem Staat.

Und es steht im Zweifel für den Kläger!
Der Staat muß zur Not
auch seine Bürger boykottieren.
Etwa mit einer Volkszähmung:
Da handelte es sich um Maßnahmen, mit denen
man wilddenkende Deutsche an den Staat zu gewöhnen trachtete als Voraussetzung für eine
Volksdressur respektive Volksdomestikation.
Aus diesem Grund waren die entsprechenden
Fragen auch dermaßen harmlos. Sie eigneten
sich damit nämlich am besten zu einer Unter-
werfungsprüfung. Denn es ging praktisch nur
darum, den Gehorsam zu üben. Man hätte uns
statt dessen auch ganz Deutschland aufwischen
lassen können mit einer Zahnbürste. Doch wäre
diese Zucht zu alt und doch nicht traditionsreich
genug gewesen. Es ging allein um das Parie-
ren. Wer aufmuckte, war nach Vorstellungen
des Innenministeriums ein terroristischer Akt
schlechthin. Also konnte sich der einzelne Deutsche nur unterwerfen oder Staatsfeind sein. Wer
wissen wollte, was Terroristen fühlen, wenn sie
Schleyer ermorden oder Bologna in die Luft
sprengen, machte seinen Bleistiftstrich bei säch-
lich statt bei männlich:
Sein Fehlstrich
wird heute noch geahndet
wie das Innere eines Christian Klar.

Wer sich dem deutschen Staat
mit seinen Rechten widersetzt,
wird auch von den Linken
zu seinen Pflichten getreten.

Bei jedem demokratischen Gewicht,
das auf Dauer immer Gefahr läuft,
sich auszupendeln,
ist absolute eigenverantwortliche
Vorsicht geboten.
Zu leicht könnte man sonst Bilder und Über-
zeichnungen von sich hergestellt bekommen, die
einem so surreal anmuten, als wären sie mit
Meldenetzen und Mangelruten aus dem Meer
jener Unwirklichkeiten gefischt, die man sehn-
süchtig gerade nicht als persönliche Stärken bezeichnen darf, wie demokratische Standhaftig-
keit oder antiparlamentarischer Widerspruchs-
geist oder ziviler Ungehorsam.
Wir kennen zwar den Datenschutz.
Aber er ist uns vorwiegend
als Luxusgut bekannt.
Im Gegensatz zum leidlichen Fernsehapparat,
der es in der Zwischenneuzeit dazu gebracht hat,
kein Luxusgut mehr darzustellen. Ein Fernsehapparat ist heute in Deutschland nicht mehr
pfändbar. Es darf auf ihn kein Kuckuck geklebt
werden. Das Fernsehgerät gehört beim Deut-

schen zum täglichen Leben und zum Existenz-
minimum.
Nur wir selbst werden immer pfändbarer.
Wir gehen täglich mehr zum Kuckuck.
Wir Deutschen
können uns zu den Luxusgütern rechnen.
Das Grundgesetz jedoch wird eintreibbar.
Und unsere persönlichen Rechte
gehören immer weniger zum täglichen Leben.
Das ist nicht zu bedauern,
weil wir das so wollen.
Wir brauchen es gewissermaßen:
Der Deutsche muß gehalten sein.
Er benötigt ein geregeltes Leben.
Ihn sehnt nach einem gehaltenen Sein.
Der Deutsche wird angehalten, wie er sei.
Das Haben ist ihm bekanntermaßen wichtiger.
Dann ist er nicht,
dann hat er Gesetze.
Zum Sein.
Das Haben bestimmt seinen Status.
Die Ware sein Bewußtsein.
Aber mit der Ware auch unbedingt die Marke.
Das Gefärbte macht's.
Was kümmern den Deutschen die Probleme der
Welt, wenn er im Kaufrausch liegt.
Er verkommt
mit zunehmendem Haben zur Kaufkraft.

Haben ist gleich Sein.
Und wenn wir sind,
also haben,
brauchen wir für das,
was wir haben, immer die Gebrauchsanleitung.
Damit wir es schriftlich haben
und es getrost nach Hause tragen können.
Nur verlegen wir es dort meistens.
Ein altes deutsches Sprichwort sagt,
was man nicht im Hirn hat,
hat man in der Tasche.
Nur wird die, sobald sie vollgestopft ist,
in der Regel umgestülpt
und der Inhalt dem Müll überantwortet.
Dennoch glauben wir
an die Unfehlbarkeit des Zettels.
Wir haben den Zettel.
Und solange nichts passiert,
gewöhnt man sich allmählich daran.
Wir haben es schriftlich.
Das reicht.
Die meisten standen dem Atom relativ gleich-
gültig gegenüber. Doch erst als Tschernobyl
dem Deutschen ans Leben ging, fiel ihm ein,
daß Demokratie bedeutet, auch einmal selbst
Stellung zu nehmen. Das Verrecken fördert immer die Eigenverantwortung und nährt die Demokratie ohne Zettel.

Nur, wenn wieder nichts passiert,
wird man sich auch an das Atom nach Tschernobyl gewöhnen. Denn man hat es ja damals über-
all aufgeschrieben.
Genauso, wie man sich daran gewöhnt hat,
durch Autounfälle,
Alkoholismus
oder Raucherbein
umzukommen.
Weil man sich an die Angst gewöhnt hat:
Man macht sich nichts mehr daraus.
Das beste Mittel gegen Angst
ist immer die Angst selbst.
Angst vor Tschernobyl
war einmal das beste Mittel
gegen die Angst vor Libyens Gaddafi.
Bis dahin galt eine trennende Angst
vor den Menschen
und unter den Menschen.
Seit der Wolke aus Rußland ist
es eine einende Angst
vor dem Unmenschlichen,
die uns Schwierigkeiten bereitet,
uns auf unserer Ratlosigkeit auszuruhen:
Nach dem Reaktorunfall sammelte sich die ge-
sammelte Regierung vereint mit den strahlen-
den Teilchen am Boden und ergab auch bei
größter Aktivität nur einen Meßwert von doch

spürbarer Bequemlichkeit. Der Rhein nach Sandoz geriet gerade durch die Ministerien zu einem tröpfelnden Informationsfluß. Für die Regierung war stets wichtig, die auftretenden Informationen zu beseitigen und sich an sich selbst zu halten:

Trotz mehrerer Wahlen
blieben die Umweltminister auf ihren Posten.
Ob Tschernobyl oder Rhein, Milchpulver oder Robbentod – ein Weiser oder Wallmann hat seinen Posten nie aus den Augen gelassen. Denn Umweltminister gehen nur, wenn sie in das Amt eines Ministerpräsidenten abberufen werden können. Sie sind in Bund und Ländern mit dem Titel des Amtsinhabers eines Alibiministeriums degradiert worden. Das heißt, es handelt sich bei ihnen um den ständigen Beweis, daß der Angeschuldigte zur Tatzeit nicht am Tatort war. Er ist gleichzeitig jener Märchenonkel, der in einer phantasielosen Zeit die Verbreitungen über die Sicherheit des Atoms als unsere einzigen Legenden fundalamentiert.

So fabelt irgendein Töpfer,
daß der Ausstieg aus der Atomenergie
keine Konsequenz sein könne
aus den erkannten und bekannten Risiken,
wiewohl gleichsam
der Ausstieg aus den Menschen

die einzige Konsequenz
aus den riskanten Erkenntnissen ist.
Statt dem Dasein
hat es der deutsche Mensch
nämlich neuerdings
auf die Ewigkeit hin angelegt.
Was bleibt, ist ihm wichtig.
Nicht das, was ist.
Vom Neandertaler hat man wenigstens heute
noch einen Schädel in Händen. Das werden
Nachgefahrene von uns noch nicht einmal besitzen. Etwas Sichtbares wird von uns nicht übrigbleiben.
Und also brauchen wir das Unsichtbare.
Atom ist unsere Unsterblichkeit.
Das sind wir dem Atom schuldig.
Und was wären wir ohne Schuld?
Ohne sie gäbe es nach 1945 keine Demokratie
und keinen Neuaufbau. Und da der dritte Weltkrieg immer unwahrscheinlicher wird: Woher
sollten wir zu einem Neuaufbau noch die Schuld
hernehmen, wenn nicht vom Atom.
Der Deutsche lebt von Schuld und Sühne.
Und er existiert mit ihnen der Reihe nach:
zuerst die Schuld.
Aber vielleicht
ist dieser Mensch
die Schuld schon an sich. Und für sich.

Die immer aktuelle Schuld,
die stets neue Selbstzerstückelung.
Denn am schlimmsten ist es nachgewiesener-
maßen bei allen katastrophenartigen Ereignis-
sen, daß es immer noch schlimmer hätte kommen können.
Wir haben zuviel Glück.
Es dürfen nicht einmal
nur ein paar draufgeben.
Es müssen einmal
nicht nur ein paar draufgehen.
Der Tod muß wieder
zu einer Lebensform werden.
Sonst gehen wir drauf.
Bis dahin verdrängt
– und das mag das Deutsche
an der Menschheit sein –
jede neue Angst die vorherige:
Nach Aids und Atom
hat der Wald
bald überhaupt keine Chancen mehr.
Seveso und Harrisburg
sind über dem Robbentod völlig vergessen.
Wie man Bophal ausspricht,
weiß heute keiner mehr.
Wir lassen die Angst zerfallen wie Cäsium.
Nur hat sie
statt einer Halb- eine Doppelwertzeit.

Was wir nicht bemerken,
da Angst ebenso unsichtbar bleibt
wie Atom selbst.
Beide lassen uns nur in ungeahnter Zeit
verrenkt zurück.
Bis dahin leben wir sorglos
und mit dem Verbrauch von Angst
regelrecht luxuriös.
Denn wir neigen gewiß zum Euphorischen:
Des Deutschen heutiges Dasein
mutet an wie ein dauerhaft seliger Moment, der
die Untaten, die wir uns antun, verdrängt, weil
deren Resultate unumkehrbar werden.
Was uns umbringt,
zerstört noch lange nicht
unseren Gleichmut.
Wir können eine Grabesruhe
bereits zu Lebzeiten
von uns ausgehen lassen,
denn wir können uns
damit abfinden,
daß es uns ja gut geht.
Das Deutsche am Deutschen ist gewiß,
daß das, was er nicht verstanden hat, auch nicht
relevant ist für ihn. Das Deutsche, das wir Deutschen gemeinsam haben mit uns, ist, daß wir uns
als Deutsche verstehen, aber nicht begreifen,
daß das Deutsche nur noch eine Frage ist auf

jene Antwort, die uns als gewissenhaft fahrlässig
ausweist;
daß wir das Selbstverständliche
nicht vom Verstand her begreifen,
sondern von uns selbst.
Aus uns.
Was wir wahrnehmen,
existiert nicht unbedingt,
doch was wir nicht wahrnehmen wollen,
das existiert unbedingt nicht.